N
YORK

Gauche **Brooklyn Bridge** Droite **Taxis new-yorkais**

Libre Expression
Une compagnie de Quebecor Media

DIRECTION
Nathalie Pujo

RESPONSABLE DE PÔLE
Cécile Petiau

RESPONSABLE DE COLLECTION
Catherine Laussucq

ÉDITION
Adam Stambul et Émilie Lézénès

TRADUIT ET ADAPTÉ DE L'ANGLAIS PAR
Florence Lebret et Guylène Ouvrard

MISE EN PAGES (PAO)
Anne-Marie Le Fur

Ce guide Top 10 a été établi par
Eleanor Berman

Publié pour la première fois en Grande-
Bretagne en 2003 sous le titre *Eyewitness
Top 10 Travel Guides: Top 10 New York*
© Dorling Kindersley Limited, Londres 2009.
© Hachette Livre (Hachette Tourisme) pour
la traduction et l'édition françaises 2009
Tous droits de traduction, d'adaptation et
de reproduction réservés pour tous pays.

© Éditions Libre Expression, 2009
pour l'édition française au Canada

Tous droits de traduction, d'adaptation et
de reproduction réservés pour tous pays.

IMPRIMÉ ET RELIÉ EN CHINE PAR
SOUTH CHINA PRINTING COMPANY

Les Éditions Libre Expression
Groupe Librex inc.
Une compagnie de Quebecor Media
La Tourelle
1055, boul. René-Lévesque Est, Bureau 800
Montréal (Québec) H2L 4S5

Dépôt légal : Bibliothèque et Archives
nationales du Québec, 2009

ISBN 978-2-7648-0454-4

Le classement des différents sites
est un choix de l'éditeur et n'implique
ni leur qualité ni leur notoriété.

Sommaire

New York Top 10

New York thème par thème

Aussi soigneusement qu'il ait été établi,
ce guide n'est pas à l'abri
des changements de dernière heure.
Faites-nous part de vos remarques,
informez-nous de vos découvertes
personnelles : nous accordons
la plus grande attention
au courrier de nos lecteurs.

Gauche **Vue de l'Empire State Building** Droite **Pier 17, South Street Seaport**

Gauche **Statue de la Liberté** Droite **Animations de rue Washington Square**

NEW YORK
TOP 10

⑩ À ne pas manquer

Avec ses gratte-ciel, ses grands musées et les lumières
de Broadway, New York est la ville des superlatifs.
Parmi les innombrables lieux à découvrir,
voici les dix sites emblématiques de la ville.

① Empire State Building

Ce gratte-ciel Arts déco est l'un des plus célèbres symboles de la ville, et la « star » de nombreux films. De l'Observatoire du 86ᵉ étage, la vue est inoubliable *(p. 8-9)*.

② Fifth Avenue

Mélange étourdissant de boutiques chic et d'architecture ambitieuse, Fifth Avenue offre des plaisirs infinis. On y trouve quelques-uns des hauts lieux new-yorkais *(p. 10-11)*.

③ Rockefeller Center

Un miracle urbain en plein cœur de la ville, qui abrite des jardins, des restaurants, une galerie commerçante souterraine, des bureaux, une patinoire et plus de 100 œuvres d'art : peintures murales et statues *(p. 12-15)*.

WISDOM AND KNOWLEDGE SHALL BE THE STABILITY OF THY TIMES

④ Statue de la Liberté

Symbole de la liberté pour des millions d'hommes et de femmes venus chercher une vie meilleure en Amérique, la statue, dressée sur sa propre île, brandit la torche de la liberté *(p. 16-17)*.

⑥ Times Square et Theater District

Une explosion de néons inonde Broadway et Times Square, où plus de 40 théâtres réputés présentent spectacles et pièces de qualité *(p. 22-25)*.

⑤ Ellis Island Immigration Museum

Ses bâtiments soigneusement restaurés évoquent le parcours des immigrants qui ont déferlé sur New York au fil des ans, forgeant la ville pluriethnique d'aujourd'hui *(p. 18-21)*.

Lower Manhattan

New Jersey

Hudson River

⑤ Ellis Island

Liberty Island

④

Upper Bay

HENRY HUDSON PARKWAY

Riverside Park

Hudson River

HENRY HUDSON PARKWAY

TWELFTH AVENUE

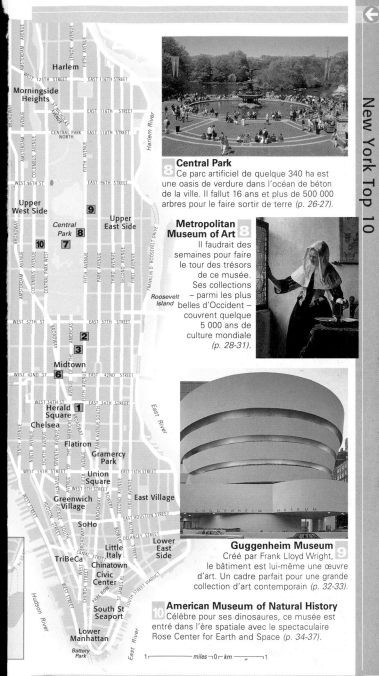

Central Park

8 Ce parc artificiel de quelque 340 ha est une oasis de verdure dans l'océan de béton de la ville. Il fallut 16 ans et plus de 500 000 arbres pour le faire sortir de terre *(p. 26-27)*.

Metropolitan Museum of Art **8**

Il faudrait des semaines pour faire le tour des trésors de ce musée. Ses collections – parmi les plus belles d'Occident – couvrent quelque 5 000 ans de culture mondiale *(p. 28-31)*.

Guggenheim Museum

Créé par Frank Lloyd Wright, le bâtiment est lui-même une œuvre d'art. Un cadre parfait pour une grande collection d'art contemporain *(p. 32-33)*.

American Museum of Natural History

10 Célèbre pour ses dinosaures, ce musée est entré dans l'ère spatiale avec le spectaculaire Rose Center for Earth and Space *(p. 34-37)*.

Map labels: Harlem, Morningside Heights, Upper West Side, Central Park, Upper East Side, Midtown, Herald Square, Chelsea, Flatiron, Gramercy Park, Union Square, Greenwich Village, East Village, SoHo, Little Italy, TriBeCa, Chinatown, Civic Center, Lower East Side, South St Seaport, Lower Manhattan, Battery Park, Roosevelt Island, Harlem River, East River, Hudson River

🔟 Empire State Building

Il est le plus haut et le plus renommé des gratte-ciel new-yorkais. Depuis l'ouverture de l'Observatoire, en 1931, plus de 120 millions de visiteurs sont venus y admirer la ville. La construction de ce bâtiment Arts déco fut lancée par le cabinet d'architectes Shreve, Lamb et Harmon dans l'euphorie des années 1920. Achevé pendant la récession qui suivit le krach boursier de 1929, l'immeuble resta inoccupé pendant des années, ce qui lui valut le surnom de « Empty [vide] State Building ». Il apparaît dans de nombreux films. Lors du 50e anniversaire du célèbre King Kong, en 1983, des fans venus du monde entier purent acclamer l'ascension triomphante d'un singe gonflable.

Vue de l'Empire State Building

🍴 Il y a un café, un glacier et deux restaurants.

☀ À voir au coucher du soleil lorsque brillent les lumières de la ville.

• 350 5th Ave et 34th St
• plan K3
• www.esbnyc.com
• ouv. t.l.j. 8h-2h ; 24, 31 déc. 8h-19h ; 1er janv. 11h-2h
• adultes 19 $, seniors et 12-17 ans 17 $, enfants (6-11 ans) 13 $, enfants (moins de 5 ans) EG, Express pass 45 $, billet combiné ESB/Skyride 43/31/29 $
• New York Skyride 28 $
• Audio Tour en français 7 $.

À ne pas manquer

1. Bâtiment
2. Ascenseurs
3. Observatoire du 102e étage
4. Observatoire du 86e étage
5. Flèche
6. Wonders of the World
7. Fifth Avenue Gallery Windows
8. Jour de la Saint-Valentin
9. New York Skyride
10. Empire State Run-up

Bâtiment 1
Afin de surpasser le Chrysler Building, l'édifice de 443 m de haut fut doté d'un mât d'amarrage pour dirigeables. La flèche a ensuite été transformée en antenne de télécommunication.

Ascenseurs 2
Les visiteurs accèdent au 86e étage en 45 secondes – à la vitesse de 25 km/h – grâce à l'un des 73 ascenseurs Arts déco. Dernier départ à 1 h 15.

Observatoire du 102e étage 3
Par temps clair, la visibilité depuis le 102e étage atteint 130 km. Les billets s'achètent en arrivant au Visitor Center (2e étage).

➜ *Autres gratte-ciel de New York* **p. 44-45**

Flèche 5
La flèche s'illumine au rythme des saisons et des fêtes célébrées par les nombreux groupes ethniques qui composent la population de la ville : rouge, blanc et bleu pour les fêtes nationales, vert pour la Saint-Patrick, bleu et blanc pour la fête juive de Hanouka.

Observatoire du 86e étage 4
Plus de 3,5 millions de visiteurs montent chaque année au 86e étage, à 320 m d'altitude. Un abri vitré offre une vue étourdissante de la ville. Météo et visibilité : 877 692 8439.

Wonders of the World 6
Le hall de 34th St accueille huit panneaux en 3D de Roy Sparkia et Rene Nemerov. Créés en 1963, ils représentent les sept merveilles du monde antique, plus une merveille du monde moderne... l'Empire State Building.

Fifth Avenue Gallery Windows 7
Dans le vaste hall habillé de marbre de Fifth Avenue, cinq vitrines abritent des pièces provenant des collections de musées, galeries et artistes de la ville. Les expositions alternent régulièrement.

Saint-Valentin 8
Le 14 février de chaque année, des couples se marient dans le Sky Lobby du 80e étage. Ils deviennent ainsi membres du Club des mariés de l'Empire State, et bénéficient d'une entrée gratuite tous les ans à la Saint-Valentin.

New York Skyride 9
La simulation sur grand écran d'un survol en hélicoptère de quelques-uns des monuments les plus célèbres de la ville.

Empire State Run-up 10
Depuis 1978, tous les ans en février, 150 coureurs gravissent les 1 576 marches qui mènent au 86e étage. Le record : 9 min et 33 s.

Construction de l'Empire State

L'Empire State Building fut conçu par l'architecte William F. Lamb, dont l'idée était de « faire grand ». Il ne fallut que 410 jours pour bâtir les 102 étages de ce gratte-ciel de 365 000 t de brique et de granit, soit une moyenne de 4 étages par semaine, sans parler des 10 étages montés en seulement 10 jours par les 3 500 hommes de l'équipe. Les fondations étant peu profondes, 60 000 t de poutres d'acier ont été nécessaires pour supporter la tour.

Pour gagner du temps, les billets peuvent être achetés sur www.esbnyc.com/tickets/

⊤10 Fifth Avenue

La Cinquième Avenue, la plus célèbre artère de New York, accueille trois de ses immeubles les plus connus. À la fin du xix⁰ s., les familles prospères y avaient leurs demeures. Au début du xx⁰ s., l'installation des commerces s'étendant vers le nord fit fuir la bonne société. Seule subsiste la résidence du banquier Morton F. Plant, que son propriétaire aurait cédée en 1917 à la maison Cartier contre un collier de perles. Malgré ses immeubles de bureaux, Fifth Avenue reste La Mecque du luxe. Le dimanche de Pâques, elle est fermée à la circulation et les New-Yorkais y défilent avec des chapeaux extravagants.

Décorations de Noël sur la façade de Cartier

🌀 Visite gratuite de la
New York Public
Library : lun.-sam.
11h et 14h, dim. 14h.
La réservation n'est
pas nécessaire.

St. Patrick's Cathedral
est ouverte aux
visiteurs t.l.j.
6h30-20h45.

• La partie la plus
réputée de Fifth Avenue
s'étend de l'Empire
State Building (p. 8-9),
sur 34th St,
à Grand Army Plaza,
sur 59th St.
Distance facile à
parcourir à pied
(1,6 km)
• plan H3-K3
• informations :
212 484 1200
• New York
Public Library :
212 930 0800.

Á ne pas manquer

1. Grand Army Plaza
2. Bergdorf Goodman
3. General Motors Building
4. Tiffany and Company
5. Trump Tower
6. Cartier
7. St. Patrick's Cathedral
8. Saks Fifth Avenue
9. New York Public Library
10. Lord and Taylor

Grand Army Plaza 1
Cette élégante place est dominée par le Plaza Hotel (1907) et par la statue du général William T. Sherman, œuvre d'Augustus Saint-Gaudens. Vous y trouverez des calèches pour visiter Central Park.

Bergdorf Goodman 2
Le plus élitiste des grands magasins. À son ouverture (1894), ce n'était qu'une petite boutique de confection et de fourrure. Le magasin pour hommes se trouve de l'autre côté de Fifth Avenue.

General Motors Building 3
Un gratte-ciel de marbre, sans grand intérêt architectural, qui abrite un studio de la CBS et jouxte le grand magasin de jouets FAO Schwarz.

Tiffany and Company 4
Cette joaillerie doit sa célébrité au roman de Truman Capote, *Petit déjeuner chez Tiffany* (1958). Ses vitrines sont de vraies œuvres d'art.

5 Trump Tower

L'atrium de six étages abrite une spectaculaire cascade de 24 m et des jardins suspendus. Il renferme également de nombreuses boutiques de luxe, un restaurant et une grande cafétéria.

6 Cartier

Le célèbre joaillier occupe désormais ce superbe hôtel particulier Beaux-Arts (1905). Durant les fêtes de fin d'année, le bâtiment est orné d'un ruban rouge géant.

7 St. Patrick's Cathedral

Le plus majestueux édifice religieux gothique (ci-dessus) de New York fut construit par James Renwick Jr (1878). On remarquera les portes en bronze, le baldaquin sur-plombant le maître-autel, la Lady Chapel et la rosace.

8 Saks Fifth Avenue

L'un des grands magasins les plus sédui-sants de la ville, réputé pour les changements de décor saisonniers du rez-de-chaussée, ainsi que pour la qualité de ses articles de mode.

9 New York Public Library

Un fleuron du style Beaux-Arts (1911). Les halls sont surmontés de voûtes de marbre, et la salle de lecture lambrissée est éclairée par de superbes et vastes fenêtres cintrées.

10 Lord and Taylor

Installé sur Fifth Avenue depuis 1914 et célèbre pour ses vitrines de Noël animées, cette enseigne pro-pose des articles de prêt-à-porter pour tous les budgets.

L'avenue des millionnaires

Depuis sa création au début du XIXe s., Fifth Avenue a toujours été la chasse gardée de la haute société new-yorkaise. Après la guerre de Sécession, les demeures y valaient la somme colossale de 20 000 $. Lorsque, vers la fin du XIXe s., certains commerces, bien que luxueux, commencèrent à grignoter leur territoire, les riches familles s'installèrent plus au nord de l'avenue. Mme Astor fut la première à déménager vers 65th St, lorsque son neveu, William Waldorf Astor, y fit construire le Waldorf Hotel.

Autres commerces de New York p. 64-65

Rockefeller Center

Cette ville dans la ville, aujourd'hui classée monument historique, est le plus vaste complexe privé du monde. Ce projet, initié dans les années 1930, fut le premier à intégrer des jardins, des restaurants et des magasins au sein d'un ensemble de bureaux. Situé au cœur de Midtown, le Rockefeller Center est animé jour et nuit. De 14 à l'origine, le nombre des immeubles est passé à 19, mais les constructions les plus récentes n'ont pas l'élégance du style Arts déco des premiers buildings. Le Center abrite plus de 100 œuvres d'art, dont une grande fresque dans chacun des bâtiments, qui composent l'une des plus formidables collections d'art publiques des États-Unis.

⊙ En venant de 5th Ave, traversez les Channel Gardens jusqu'au Sunken Garden.

Des brochures d'information sont disponibles dans le hall d'entrée du GE Building, à proximité des peintures murales de Sert.

Vue étourdissante de Manhattan (360°) de la terrasse Top of the Rock, située du 67ᵉ au 70ᵉ étage.

- Le Rockefeller Center s'étend de 5th Ave à 6th Ave et de 48th St à 51st St
- plan J3
- www. rockefellercenter.com
- NBC Studios : 30 Rockefeller Plaza, 212 664 7174, vis. guid. lun.-sam. 8h30-17h30, dim. 9h30-16h30, EP, réservation conseillée
- Today Show : Rockefeller Plaza, 49th St, ouv. lun.-ven. 7h-9h.
- Top of the Rock : 30 Rockefeller Plaza, 212 698 2000, ouv. t.l.j. 8h30-24h, EP, www. topoftherocknyc.com

À ne pas manquer

1. Channel Gardens
2. Sunken Garden
3. Statue de Prométhée
4. Statue d'Atlas
5. GE Building
6. NBC Studios
7. Today Show Studio
8. Galerie commerciale
9. Radio City Music Hall
10. Paine Webber Art Gallery

Channel Gardens
Baptisés « Channel » (la Manche) car ils séparent la Maison française du British Building, ces jardins changent au fil des saisons. À Noël, ils sont décorés d'anges illuminés. Les 6 fontaines sont l'œuvre de René Chambellan (ci-dessous).

Sunken Garden
Accueillant une patinoire l'hiver et des terrasses de café l'été, ces jardins sont toujours animés. Tout autour flottent les drapeaux des pays membres des Nations unies.

Statue de Prométhée
Cette statue de bronze doré de 5,5 m (ci-dessous), œuvre de Paul Manship, domine le Sunken Garden. Le socle représente la Terre ; l'anneau, orné des signes du zodiaque, symbolise le ciel.

Statue d'Atlas

Cette sculpture, qui se dresse à l'entrée de l'International Building, est l'une des 15 œuvres de Lee Lawrie présentées dans le Center. Reposant sur un socle haut de 3 m, elle pèse 6 350 kg et mesure 4,50 m.

Plan du Rockefeller Center

GE Building

Tour élancée de 70 étages, le building de la General Electric est la pièce maîtresse du Center. Grâce à sa structure à degrés, aucun bureau n'est à plus de 8 m d'une fenêtre.

NBC Studios

La visite des coulisses de la chaîne de télévision est très intéressante. Pour assister à l'enregistrement d'une émission, réservez les places sur le site du Rockefeller Center ou par courrier *(p. 166)*. Des billets sont parfois distribués dans le hall du GE Building.

Today Show Studio

Tous les matins en semaine, les fans peuvent assister en direct à cette émission de télévision depuis le trottoir qui longe le studio. Ils apparaissent d'ailleurs souvent à l'écran.

Galerie commerciale

Le centre commercial souterrain du GE Building est surnommé *Catacombs*. Il accueille de nombreuses boutiques, notamment celle du Metropolitan Museum.

John D. Rockefeller Jr.

Le légendaire multimillionnaire philanthrope John D. Rockefeller Jr. (1874-1960) est l'héritier d'un magnat du pétrole de l'Ohio, John Davison Rockefeller, auquel il succède en 1911. John D., comme on le surnommait à l'époque, était profondément convaincu que son héritage devait servir au bien public. Il contribua ainsi au financement de la construction du siège des Nations unies *(p. 124-125)*, des Cloisters *(p. 31)* et de la Riverside Church *(p. 145)*.

Radio City Music Hall

Suivre une visite guidée de cette ancienne salle de cinéma, chef-d'œuvre Arts déco, permet d'admirer son décor ainsi que son légendaire orgue Wurlitzer *(p. 51)*.

Paine Webber Art Gallery

Ouverte en 1985, cette galerie *(ci-dessus)* présente chaque année 4 ou 5 expositions. Les choix sont éclectiques, de l'art maya à la photographie sportive.

Gauche **Peinture murale de Thomas Hart Benton** Droite **Relief de Gaston Lachaise**

TOP 10 L'art au Rockefeller Center

1 America's Progress
Cette fresque de Jose Maria Sert (1876-1945) retrace 300 ans d'évolution de l'Amérique grâce à l'union de deux forces, la tête et les bras. La peinture *Le Temps* orne l'un des plafonds.

2 Wisdom
L'étonnant personnage central qui incarne la Sagesse selon Lee Lawrie (1877-1963) tient un compas pointé vers les ondes lumineuses et sonores. Il est sculpté sur un écran de 240 pavés de verre.

3 Reliefs de Gaston Lachaise
Ces deux panneaux du célèbre sculpteur améri-cain (1882-1935) rendent hommage aux hommes qui ont construit le Rockefeller Center en les représentant à l'œuvre.

4 News
Cette sculpture en acier inoxydable d'Isamu Noguchi (1904-1988) pèse 10 t. Elle évoque la presse à travers l'utilisation de ses « outils » – appareil photo, téléphone, bloc-notes et crayon.

5 Industries of the British Commonwealth
Ce panneau de bronze doré de Carl Paul Jennewein (1890-1980)

illustre 9 grandes ressources de l'Empire britannique, dont la canne à sucre, le sel et le tabac.

6 Intelligence Awakening Mankind
Près d'un million de pièces d'émail de plus de 250 couleurs composent cette mosaïque de Barry Faulkner (1881-1966) illustrant le langage oral et écrit.

7 Portals
Réalisée par Josef Albers (1961), cette œuvre en verre poli crée un effet d'optique qui donne une sensation de profondeur.

8 America Today
Les 9 panneaux de cette fresque furent commandés en 1931 à Thomas Hart Benton pour la New School University. Ils y demeurèrent jusqu'en 1984, date de leur acquisition par l'Equitable Group.

News, **Isamu Noguchi**

9 Mural with Blue Brushstrokes
Cette fresque haute de 5 étages (21 m) est l'œuvre du maître du pop' art Roy Lichtenstein (1848-1985).

10 Wall Drawing 896
Réalisée par Sol Lewitt (1999), cette fresque est la plus récente du Center. Conçue spécialement pour ces lieux, elle habille les murs de l'entrée du siège de Christie's, sur 48th St.

Les chiffres

1. 259 m, 70 étages : l'immeuble le plus haut
2. 388 ascenseurs
3. Plus de 400 000 piétons par jour
4. Vitesse maximale des ascenseurs : 427 m/min (37 secondes du r.-d.-c. au 65e étage)
5. 65 000 employés dans les bureaux
6. 100 000 téléphones
7. 48 758 fenêtres
8. 45 restaurants
9. 100 magasins
10. 250 000 visiteurs par jour

La construction du Rockefeller Center

John D. Rockefeller posant le dernier rivet

Lorsque la Dépression empêche John D. Rockefeller Jr. de construire un opéra, il décide de bâtir un complexe commercial d'un genre nouveau. Sous la houlette de l'architecte Raymond Hood, le projet se dote d'une artère intérieure (Rockefeller Plaza) et d'une galerie souterraine. Les 14 immeubles, construits entre 1931 et 1940, permirent d'employer 225 000 personnes aux pires heures de la crise. L'art en fut une composante essentielle. Plus de 30 artistes apportèrent leur contribution aux foyers, façades et jardins du Rockefeller Center.

Les débuts de la radio

Les toutes jeunes stations radiophoniques RCA, RKO et NBC furent les premiers occupants du Rockefeller Center, ce qui valut au complexe d'être baptisé « Radio City ».

Ouvriers sur le chantier du Rockefeller Center, 1932

TOP10 Statue de la Liberté

Officiellement baptisée La Liberté éclairant le monde, *la statue dominant le port de New York est un symbole pour des millions de personnes depuis son inauguration par le président Cleveland en 1886. Offerte en signe d'amitié par la France pour le 100ᵉ anniversaire des États-Unis, en 1876, elle est l'œuvre de Frédéric Auguste Bartholdi, qui y consacra 21 ans de sa vie. Les difficultés de financement de part et d'autre de l'Atlantique retardèrent de 10 ans son*

inauguration. En revanche, il n'y eut aucun mal à réunir les 100 millions de dollars nécessaires à sa restauration pour son centenaire, le 3 juillet 1986, qui donna lieu au plus grand feu d'artifice jamais vu dans le pays.

Fêtes de la restauration, le 3 juillet 1986

🕐 **Pour éviter la foule, il est conseillé de venir tôt. Une cafétéria est ouverte sur place.**

Pour photographier la statue depuis le bateau, installez-vous à tribord à l'aller et à bâbord au retour.

• *Pour aller à Battery Park en métro, prenez la ligne 1 pour South Ferry, les 4 ou 5 pour Bowling Green, ou bien le R ou le W pour Whitehall St.*
• *Ferries au départ de Castle Clinton, dans Battery Park, t.l.j. 8h30-16h (9h30 l'hiver) toutes les 30 à 45 min • www.nps.gov/stli*

À ne pas manquer

1. Castle Clinton National Monument
2. Battery Park
3. Excursion en bateau
4. Gros plan sur la statue
5. Socle
6. Couronne
7. Torche et livre
8. Structure
9. Vue
10. Expositions historiques

4 Gros plan sur la statue

Les dimensions colossales de la statue – qui domine le port de New York du haut de ses 93 m et de ses 200 t – se révèlent encore plus impressionnantes vues de près. Son bras droit, qui brandit la torche symbolique, est long de 13 m. Son index mesure 2,40 m.

1 Castle Clinton National Monument

Construit en 1807, cet ancien fort abrite désormais un centre d'information sur la statue de la Liberté et Ellis Island.

2 Battery Park

Parsemé de statues et de monuments en hommage à des gens divers, des premiers immigrants juifs aux gardes-côtes, le parc offre un superbe panorama sur la mer.

3 Excursion en bateau

La traversée, à bord des ferries qui relient Manhattan et Jersey City à la statue de la Liberté et Ellis Island, réserve une vue fantastique.

5 Socle

Richard Morris Hunt, l'un des plus grands architectes américains, fut choisi pour dessiner le socle de la statue de la Liberté, haut de 27 m. Il repose sur des fondations en béton coulées au cœur de l'étoile à 11 branches de Fort Wood, forteresse érigée lors de la guerre de 1812.

Couronne

D'après la légende, Bartholdi aurait pris sa mère pour modèle. En réalité, le visage s'inspire d'ébauches réalisées pour une statue destinée à marquer l'entrée du canal de Suez, jamais réalisée. Les sept rayons de la couronne symbolisent les sept mers et les sept continents.

Torche et livre

La torche, dont la flamme est couverte de feuille d'or 24 carats, date de la restauration de 1984-1986. L'original est exposé dans le hall. Sur le livre tenu dans la main gauche est inscrite la date du 4 juillet 1776 en chiffres romains.

Structure

C'est Gustave Eiffel qui conçut la structure interne de la statue. Près de 31 t de plaques de cuivre sont suspendues à des barres d'acier fixées à un pylône central qui ancre la statue dans son socle.

Vue

Un ascenseur et un escalier de 192 marches conduisent aux plates-formes du piédestal (47 m), d'où la vue sur Manhattan est spectaculaire. L'accès est fermé depuis les attentats du 11 septembre 2001.

La porte du Nouveau Monde

La statue de la Liberté fut le symbole d'une nouvelle vie pour des millions d'immigrants fuyant la pauvreté. Elle incarne toujours la liberté et l'espoir, comme le rappelle le poème d'Emma Lazarus *Le Nouveau Colosse* : « [...] Donnez-moi vos peuples fatigués, pauvres et opprimés qui aspirent à la liberté... Envoyez-moi les sans-logis ballottés par la tempête. Ma lumière les guidera vers la porte dorée. »

Expositions historiques

Dans le socle, un musée retrace l'histoire de la conception, de la construction et de la restauration de la statue (photos, vidéos et documents sonores) et abrite des répliques à taille réelle de sa tête et de ses pieds. Un pass donne accès au musée et à l'observatoire.

Les pass pour le socle de la statue sont disponibles au 877 523 9849 ou sur www.statuecruises.com

№10 Ellis Island Immigration Museum

Ellis Island est le principal symbole du passé d'immigration de l'Amérique. De 1892 à 1954, elle a vu passer plus de 12 millions de personnes fuyant les persécutions religieuses, la pauvreté ou les troubles qui ravageaient leur terre natale. Leurs descendants – plus de 100 millions aujourd'hui – représentent près de 40 % de la population actuelle. Les passagers de 1re et 2e classe des navires effectuaient les formalités d'immigration à bord, tandis que les passagers les plus défavorisés de 3e classe débarquaient sur cette île surpeuplée et étaient soumis à des examens de santé et de moralité. Épuisés par le voyage et ne parlant généralement pas l'anglais, ils étaient chaque jour près de 5 000 à y arriver la peur au ventre. Le musée témoigne de leur expérience et retrace l'histoire de l'immigration en Amérique.

Le vaste hall principal

🍴 **Une cafétéria et des aires de pique-nique sont à la disposition des visiteurs.**

🕐 **Pour éviter la cohue, prenez l'un des premiers ferries au départ de Battery Park.**

Au bureau d'information du musée, demandez des billets pour la projection gratuite du film de 30 min intitulé *Island of Hope, Island of Tears.*

• Plan d'Ellis Island sur le rabat à la fin du guide
• 212 363 3200
• www.nps.gov/elis
• ferries depuis Battery Park : 212 269 5755
• excursions en ferry vers la statue de la Liberté et Ellis Island : adultes 12 $, seniors 10 $, enfants (4-12 ans) 5 $, enfants de moins de 4 ans EG
• ouv. t.l.j. juin-août 9h-18h, sept.-mai 9h30-17h
• EG.

À ne pas manquer

1. Zone de débarquement
2. Hall principal
3. Salles d'examen médical
4. Dortoir
5. Vente des billets de train
6. Salle des bagages
7. The Peopling of America
8. Immigration History Center
9. American Immigration Wall of Honor
10. Immigrants' Living Theater

Zone de débarquement
La foule des passagers de 3e classe quittait le bateau à bord de ferries *(ci-dessous)* qui les débarquaient sur l'île. Des interprètes donnaient les instructions dans une multitude de langues.

Hall principal
Les immigrants s'entassaient sur des bancs en attendant de passer les examens qui décideraient de leur sort. Un médecin les observait alors qu'ils montaient les escaliers et marquait à la craie le dos de ceux dont l'état nécessitait un examen approfondi.

Salles d'examen médical
Le plus redouté des examens médicaux que subissaient les immigrants était celui des yeux. Au moindre symptôme de trachome – maladie pouvant entraîner la cécité –, les candidats étaient refoulés. Un motif qui fut la cause de plus de la moitié des refus.

Dortoir

4 Les immigrants retenus pour des examens approfondis y passaient la nuit, hommes et femmes dans des quartiers séparés. À l'issue du processus, expérience éprouvante, 2 % d'entre eux étaient refoulés.

Bureau de vente des billets de train

5 Ceux qui poursuivaient leur voyage au-delà de New York gagnaient les gares du New Jersey par ferry. Les agents vendaient jusqu'à 25 billets la minute.

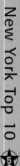

Légende du plan

▢	Rez-de-chaussée
▢	1er étage
▢	2e étage

Salle des bagages

6 Les nouveaux arrivants y faisaient enregistrer les malles, les coffres et les paniers contenant leurs maigres et uniques possessions.

The Peopling of America

7 Plus de 30 galeries retracent 400 ans d'histoire de l'immigration. Des expositions telles que *The Peopling of America* présentent des objets, des affiches, des plans et des photos donnés par des familles d'immigrants.

Immigration History Center

8 Grâce à des équipements multimédias, les visiteurs ont accès aux statistiques concernant plus de 22 millions de personnes arrivées à New York entre 1892 et 1924.

Ellis Island, New Jersey

Le long combat juridique pour déterminer à qui revenait le contrôle d'Ellis Island a pris fin en 1998. Au XXe s., la superficie de l'île avait été multipliée par 9 et était passée de 1,2 ha à 11 ha grâce à l'adjonction de terre du New Jersey. La Cour suprême décida donc que le territoire d'origine appartenait à New York, et le reste au New Jersey. Ce dernier a lancé un programme de restauration comprenant le sauvetage des bâtiments délabrés de l'hôpital.

American Immigration Wall of Honor

9 Les Américains – dont J.F. Kennedy et B. Streisand – rendent hommage à leurs aïeux en y faisant graver leurs noms. Avec plus de 600 000 « inscrits », c'est le plus grand mur de cette nature au monde.

Immigrants' Living Theater

10 Chaque jour, des représentations théâtrales inspirées d'histoires vraies d'immigrants font revivre l'expérience d'Ellis Island. Le musée possède deux salles de cinéma, une bibliothèque et un studio d'archives sonores.

➡ *Autres musées de New York* **p. 40-41**

Gauche **Immigrants italiens** Centre **Transfert sur l'île** Droite **Immigrants antillais**

Dates clés de l'immigration

1624
Les premiers Hollandais arrivent à La Nouvelle-Amsterdam. Ce comptoir commercial accueille des colons de nombreux pays. En 1643, ses 500 habitants parlent 18 langues différentes.

1664
L'impopularité du gouverneur Peter Stuyvesant et des taxes imposées par la Dutch West India Company aidant, les Britanniques n'ont pas de difficultés à chasser les Hollandais. La ville est rebaptisée New York.

1790
Lors du premier recensement, New York compte une population de 33 131 habitants, composée principalement de Britanniques et de Hollandais.

Asiatiques employées dans le textile

Milieu du XIXe s.
La famine sévit en Irlande et l'Allemagne connaît des difficultés économiques. Nombreux sont ceux qui partent tenter leur chance à New York, cité industrielle en rapide expansion.

Polonaise à Ellis Island vers 1910

1880-1910
Des milliers de juifs d'Europe centrale et d'Italiens fuyant les persécutions et la pauvreté trouvent refuge en Amérique.

1892
Le centre de Castle Island ne peut plus faire face au flux migratoire ; Ellis Island prend le relais. Des *Settlement Houses* sont mises en place pour aider ceux qui vivent dans les taudis. Des programmes d'« américanisation » favorisent l'assimilation.

1924
Près de 40 % de la population new-yorkaise est née à l'étranger. Les autorités fixent des quotas d'immigration par pays. Profitant de ceux attribués à la Grande-Bretagne, les ressortissants des Antilles britanniques arrivent en masse.

1965
La loi Hart-Cellar abolit le système des quotas fondés sur l'origine nationale. C'est le début d'une nouvelle vague d'immigration.

Années 1980
Un million de nouveaux immigrants, principalement originaires d'Asie et d'Amérique latine.

Depuis 1990
Avec plus de 1,2 million de nouveaux immigrants, la population née à l'étranger dépasse 40 % – un record depuis 1910. Le Queens accueille la plus grande diversité ethnique des É-U.

Nationalités recensées à Ellis Island

1. Italie : 2 502 310
2. Autriche-Hongrie : 2 275 852
3. Russie : 1 893 542
4. Allemagne : 633 148
5. Angleterre : 551 969
6. Irlande : 520 904
7. Suède : 348 036
8. Grèce : 245 058
9. Norvège : 226 278
10. Empire ottoman : 212 825

(pour les périodes 1892-1897 et 1901-1931)

La restauration d'Ellis Island

En 1924, la loi sur les quotas d'immigration restreint considérablement l'arrivée des immigrants aux États-Unis. Ellis Island devient inutile. Elle accueillera un centre de détention et d'expulsion pour les étrangers indésirables, un camp d'entraînement des gardes-côtes et un hôpital militaire pendant la Seconde Guerre mondiale. En 1954, le gouvernement américain ferme l'île, qui reste à l'abandon jusqu'en 1984, lorsque les 156 millions de dollars du projet de restauration – le plus important de l'histoire américaine – permettent de remplacer les dômes de cuivre, de nettoyer les mosaïques et de rénover l'intérieur en préservant toutes les pièces d'origine. Le projet prévoyait également la création du Ellis Island Immigration Museum (p. 18-19), qui relate l'histoire de l'immigration à travers une exposition et plus de 2 000 objets. Les archives sonores et la galerie interactive pour les enfants se visitent sur rendez-vous. Rouverte au public en 1990, Ellis Island accueille chaque année près de 2 millions de visiteurs.

La restauration

Les travaux débutèrent en 1965 avec la reconstruction de la digue, mais le plus gros chantier fut la restauration du bâtiment principal, en très mauvais état. La reconstitution s'appuie sur la période 1918-1924, qui correspond à un pic d'immigration.

Auvent de verre marquant l'entrée principale d'Ellis Island

Autres musées de New York p. 40-41

⑩ Times Square et Theater District

Surnommé le « carrefour du monde », Times Square est le croisement le plus célèbre de New York et le symbole du très animé Theater District, dont fait partie Broadway. Le site était appelé Longacre Square jusqu'à la construction de la tour du New York Times, dont l'inauguration, à la Saint-Sylvestre 1904, fut marquée par un grand feu artifice. Depuis, la tradition perdure. Désormais, une boule de cristal géante descend à minuit le long de la tour pour annoncer la nouvelle année sous les applaudissements de millions de badauds massés sur la place. Dans les années 1970, la réputation de Times Square pâtit de la dégradation de 42nd St, voisine. Dans les années 1990, les sex-shops et les salles de cinéma X furent fermés. Grâce à d'importants efforts publics et privés, la rue et le quartier ont un nouveau visage.

Téléscripteur, Times Square

🕐 **Le guichet TKTS de Times Square sur Broadway et 47th St (212 221 0013 / www.tdf.org) vend des billets à moitié prix pour des spectacles de Broadway.**

Le Times Square Information Center, au 1560 Broadway, entre 46th et 47th Sts, propose souvent des bons de réduction pour des spectacles.

Visitez Broadway la nuit, lorsqu'il brille de tous ses feux.

• *Times Square est situé au croisement entre Broadway, 7th Ave et 42nd St*
• *plan J3*
• *www.timessquarenyc.org*
• *Madame Tussaud's New York : 234 West 42nd St, 800 246 8872, ouv. dim.-jeu. 10h-20h, ven.-sam. 10h-22h, www.nycwax.com, EP.*

À ne pas manquer

1. Néons de Broadway
2. Téléscripteur de Times Square
3. Nasdaq Headquarters
4. MTV Headquarters
5. Brill Building
6. Condé Nast Building
7. New 42nd Street
8. Madame Tussaud's, New York
9. Port Authority Bus Terminal
10. Off-Broadway

1 Néons de Broadway
La plus longue rue de la ville, connue pour sa partie située au nord de 42nd St. Ses lumières lui valent le surnom de « Voie lactée ».

2 Téléscripteur de Times Square
En 1928, le *New York Times* installa le premier téléscripteur au monde. Le *Times* a déménagé sur 43rd St, mais le panneau demeure.

3 Nasdaq Headquarters
Le siège de ce marché boursier domine le croisement de son écran où sont diffusées des informations financières.

4 MTV Headquarters

Il est courant que des foules d'adolescents se massent devant les studios de cette chaîne de télé musicale dans l'espoir d'apercevoir leur idole, ou qu'une équipe de télévision sorte filmer la foule.

5 Brill Building

Les plus grands artistes ont produit des tubes dans ce haut lieu de l'industrie du disque qui, depuis longtemps, accueille de célèbres éditeurs et arrangeurs.

6 Condé Nast Building

Ce gratte-ciel de 48 étages, construit en 2000 par le groupe de presse éponyme, témoigne de la renaissance de Times Square.

7 New 42nd Street

La rénovation du New Amsterdam Theater donna un coup de jeune à 42nd St dans les années 1990. Les New 42nd St Studios et plusieurs théâtres se partagent le *block*.

8 Madame Tussaud's, New York

George Washington et Madonna sont quelques-uns de ses hôtes de cire. Les ascenseurs extérieurs sont en verre et une main géante brandit l'enseigne lumineuse.

9 Port Authority Bus Terminal

L'une des gares routières les plus fréquentées du monde. Elle voit passer chaque année près de 60 millions de banlieusards et de voyageurs.

10 Off-Broadway

Avant le renouveau du reste de 42nd St, le *block* situé entre 9th Ave et 10th Ave trouva un nouveau souffle grâce à des compagnies Off-Broadway à la recherche de locaux bon marché. Le Playwrights Horizons accueille les premières des nouveaux spectacles.

Theater District

L'emménagement du Metropolitan Opera House à Broadway (1883) y a attiré théâtres et restaurants. Dans les années 1920, les cinémas ont apporté le charme des néons. Après la Seconde Guerre mondiale, le 7e art perd sa popularité et le quartier devient sordide. Depuis, un programme de réhabilitation a fait revenir le public et les lumières.

Gauche **Lyceum** Centre **Hilton Theater** Droite **Hudson Theater**

🎭10 Théâtres

1 Lyceum
Avec son plafond voûté, ses fresques murales et ses stucs sophistiqués, le doyen des théâtres sert souvent d'annexe au Lincoln Center *(p. 139)*. 🔊 *149-157 West 45th St • plan J3.*

2 New Victory Theater
Construit en 1900 par Oscar Hammerstein, il diffusait des films X jusqu'à sa restauration en 1995. Depuis, l'affiche est familiale. 🔊 *209 West 42nd St • plan K3.*

3 Hilton Theater
Le Lyric et l'Apollo furent réunis pour créer cette vitrine pour les comédies musicales en 1998, marquant les débuts du financement des théâtres par les entreprises. 🔊 *213 West 42nd St • plan K3.*

4 Shubert Theater
Construite en 1912, cette somptueuse salle accueillit de grandes comédies musicales et la Shubert Organization. En face, le Booth date de la même époque. 🔊 *221-233 West 44th St • plan J3.*

5 New Amsterdam Theater
Ce chef-d'œuvre Art nouveau hébergea les célèbres Ziegfeld Follies. Disney l'a restauré et y présente *Mary Poppins,* spectacle très populaire. 🔊 *214 West 42nd St • plan K3.*

6 Hudson Theater
Sa façade discrète cache un intérieur somptueux, dont un hall avec une arcade classique et des dômes de verre de chez Tiffany. 🔊 *139-141 West 44th St • plan J2.*

7 Belasco Theater
Ce théâtre (1907) dédié à l'imprésario David Belasco est à l'origine du style Renouveau géorgien. 🔊 *111-121 West 44th St • plan J3.*

8 Lunt-Fontaine Theater
Achevé en 1910, il fut initialement baptisé Globe. Une partie du toit s'ouvre, créant ainsi une salle en plein air. 🔊 *203-217 West 46th St • plan J3.*

9 Palace Theater
La scène fut inaugurée par Sarah Bernhardt. Se produire au Palace devint alors un must. Depuis sa restauration, la salle est consacrée aux comédies musicales. 🔊 *1564 Broadway • plan J3.*

10 Winter Garden Theater
Créé en 1885 sous le nom d'American Horse Exchange, il fut racheté par les Shubert en 1910 et réaménagé en 1922. *Cats* y est resté à l'affiche jusqu'en 2000. 🔊 *1634 Broadway • plan J3.*

 Autres théâtres de New York p. 50-51

Actuellement à l'affiche à Broadway

1. *The Phantom of the Opera*
2. *Rent*
3. *Chicago*
4. *The Lion King*
5. *Mamma Mia !*
6. *Hairspray*
7. *Avenue Q*
8. *Wicked*
9. *Mary Poppins*
10. *Monty Python's Spamalot*

Brève histoire des théâtres new-yorkais

Oscar Hammerstein

Le premier des innombrables théâtres construits à New York serait le New Theater, ouvert en 1732 dans le bas de Manhattan. Le quartier des théâtres s'étendit progressivement vers Bowery, puis Astor Place, Union Square et Herald Square, avant de se fixer définitivement à Longacre Square (l'actuel Times Square), après l'inauguration de l'Olympia Theater d'Oscar Hammerstein sur Broadway en 1895. En l'espace de trois décennies, près de 85 théâtres, dont certains dotés de magnifiques intérieurs de style Beaux-Arts, furent construits par des architectes, dont Herbert J. Krapp et Herts and Tallant. Ces derniers sont d'ailleurs à l'origine des balcons à encorbellement qui permirent de supprimer les colonnes. Les premiers imprésarios, tels les Shubert et les Chanin, démocratisèrent le théâtre en instaurant une entrée commune pour l'orchestre et les balcons. Avec l'apparition des théâtres modernes, plus de 40 de ces chefs-d'œuvre furent détruits. Par bonheur, les survivants sont désormais classés.

Le show est fini…

En l'an 2000 a eu lieu la dernière représentation de *Cats*. Cette comédie musicale a tenu l'affiche 18 ans, un record à Broadway ! Depuis, *The Phantom of the Opera* détient le titre.

42nd Street a remporté un vif succès

TOP 10 Central Park

Le « jardin » de New York, écrin de 340 ha de verdure, accueille chaque année plus de 2 millions de visiteurs venus profiter de ce superbe lieu de détente, conçu en 1858 par Frederick Law Olmsted et Calvert Vaux. Il fallut plus de 16 ans pour planter 500 000 arbres et buissons, acheminer des tonnes de pierre et de terre, créer les collines, les lacs et les pelouses, et construire 30 ponts et arches en pierre et en fer.

Immeuble du Beresford sur Central Park

🥤 **Boissons fraîches et repas légers au Boat House snack-bar. Repas gastronomiques au Boat House Restaurant.**

🕐 **Commencez par The Diary, centre d'accueil des visiteurs de style victorien. Renseignez-vous sur les ateliers nature gratuits et les promenades guidées. Location de vélos, de barques et de gondoles au Boathouse, et de patins à glace à la Wollman Rink.**

Promenades à cheval aux Claremont Stables, 175 West 89th St.

• *De Central Park South à 110th St et entre 5th Ave et Central Park West*
• *plan D3-H3*
• *www. centralparknyc.org*
• *ouv. de l'aube au crépuscule.*

À ne pas manquer

1 Great Lawn
2 Bethesda Terrace
3 Belvedere Castle
4 The Ramble
5 Réservoir
6 Strawberry Fields
7 Conservatory Garden
8 Statue de Hans Christian Andersen
9 Central Park Zoo
10 Delacorte Theater

Great Lawn

L'été, cette pelouse ovale de 5,5 ha accueille jusqu'à 100 000 personnes lors des concerts gratuits donnés par le Metropolitan Opera et le New York Philarmonic.

The Ramble

Ce bois de 15 ha, traversé de sentiers et de ruisseaux, est le paradis des ornithologues amateurs. Plus de 270 espèces y ont été observées. Central Park se trouve sur le trajet migratoire des oiseaux vers l'Atlantique.

Bethesda Terrace
Dominant le lac, cette terrasse richement décorée et sa fontaine sont le point d'orgue du parc. L'allée adjacente sert souvent de piste pour les acrobaties des virtuoses du roller.

Belvedere Castle
Ce château de pierre du XIXᵉ s., perché sur un rocher et surmonté de tours et de tourelles, offre une vue incomparable à 360°. À l'intérieur, le Henry Luce Nature Observatory témoigne de la surprenante diversité de la faune et de la flore du parc.

Visitor Center : 212 794 6564, ouv. mar.-dim. 10h-17h.

5 Réservoir

Les rives de ce lac de 43 ha sont longées par une piste de jogging longue de 5 km. C'est le plus grand des 5 plans d'eau du parc. Le samedi, des courses de modèles réduits de bateaux se déroulent au Conservatory Water.

7 Conservatory Garden

Ce jardin de 2,5 ha – élégant agencement de fontaines, de bosquets, de massifs de plantes annuelles et de plantes vivaces – est magnifique au printemps, lorsque les pommiers sauvages sont en fleur et qu'éclosent les tulipes et les azalées.

6 Strawberry Fields

Ce paisible secteur du parc fut aménagé par Yoko Ono à la mémoire de John Lennon, qui vécut dans un immeuble voisin, le Dakota. À l'époque, les dons affluèrent du monde entier.

8 Statue de Hans Christian Andersen

L'été, des lectures de contes se déroulent à ses pieds. Le jeune public appréciera les ateliers nature, le carrousel et le théâtre de marionnettes.

9 Central Park Zoo

Ce zoo est divisé en trois zones climatiques, dont la reconstitution d'une forêt tropicale humide. On y découvre plus de 100 espèces d'animaux.

La création de Central Park

Central Park est le premier projet paysager de Frederick Law Olmsted, alors âgé de 43 ans. Se démarquant du formalisme des aménagements de l'époque, il privilégie les contrastes, faisant alterner paysages paisibles et décors accidentés. Il sépare les zones de détente active et passive, et isole le parc de la ville par une végétation dense. Le résultat lui vaut tous les honneurs et instaure un nouveau modèle paysager. Frederick Law Olmsted poursuivit son œuvre et devint le paysagiste le plus prolifique d'Amérique.

10 Delacorte Theater

Chaque été, deux productions y sont montées dans le cadre du festival « Shakespeare in the Park ». Des billets gratuits sont disponibles le jour de la représentation, mais mieux vaut faire la queue très tôt. Parmi les autres animations gratuites, un festival de musiques et danses populaires.

Central Park Zoo : 212 439 65000, ouv. t.l.j., www.centralparkzoo.com

TOP 10 Metropolitan Museum of Art

Le « Met » est l'un des plus grands musées du monde, et abrite une profusion de trésors témoignant de 5 000 ans de culture mondiale. Créé en 1870 par un groupe de mécènes désireux de fonder un grand musée des beaux-arts aux États-Unis, il ouvrit ses portes avec trois collections privées européennes et 174 toiles. Aujourd'hui, le Met possède plus de 2 millions d'œuvres. Le bâtiment néogothique, construit en 1880 par Calvert Vaux et Jacob Wrey Mould, a été plusieurs fois agrandi. Récemment, le musée s'est doté de superbes galeries dont les immenses fenêtres surplombent Central Park.

Entrée, Metropolitan Museum of Art

🏛 Le bâtiment renferme une cafétéria, un bar et deux cafés. L'ascenseur pour le Roof Garden Café se trouve au 1er étage.

🔎 Si vous êtes pressé, privilégiez la peinture européenne au 2e étage, l'art égyptien au 1er et l'aile américaine. Vous aurez un aperçu de la splendeur de cette immense institution.

En nocturne le week-end, l'affluence est moindre et des concerts sont organisés.

- 1000 5th Ave au niveau de 82nd St
- plan F3
- 212 535 7710
- www.metmuseum.org
- ouv. lun.-jeu. et dim. 9h30-17h30, ven.-sam. 9h30-21h, sortie 15 min avant la fermeture
- adultes 20 $, seniors 15 $, étudiants 10 $, moins de 12 ans et membres EG.

À ne pas manquer

1. Peinture européenne
2. Art égyptien
3. Michael C. Rockefeller Wing
4. American Wing
5. Robert Lehman Collection
6. Costume Institute
7. Art asiatique
8. Lila Wallace Wing
9. Sculpture européenne et arts décoratifs
10. Roof Garden

1 Peinture européenne

L'une des plus importantes collections mondiales d'art européen (2 500 toiles de maître et œuvres du XIXe s., dont beaucoup de célèbres chefs-d'œuvre). Ne manquez pas les Rembrandt et les Vermeer, ainsi que les nombreuses toiles impressionnistes et post-impressionnistes.

2 Art égyptien

La plus grande collection d'art égyptien du monde après celle du Musée égyptien du Caire. Elle comprend momies, statues, bijoux, ainsi que le spectaculaire temple de Dendur (Ier s. av. J.-C.), dressé sur les rives du Nil et remonté ici pierre par pierre.

Légende du plan

▨ Rez-de-chaussée
▨ 1er étage
▨ 2e étage

3 Michael C. Rockefeller Wing

Masques, sculptures, ornements en or et en argent, ors précolombiens, céramiques et pierres du Mexique et du Pérou, pièces provenant de la cour de l'ancien royaume du Bénin au Nigeria : tels sont les points forts de cette collection de 1 600 objets d'art primitif couvrant 3 000 ans et trois continents.

Autres musées de New York p. 40-41

Robert Lehman Collection
Une extraordinaire collection privée : œuvres de maîtres de la Renaissance, d'artistes hollandais, espagnols et français, de postimpressionnistes et de fauves.

American Wing
Elle accueille verreries de chez Tiffany, peintures et reconstitutions d'intérieurs du XVIIe au XXe s., dont l'une de Frank Lloyd Wright.

Costume Institute
Costumes féminins – des robes de bal aux minijupes – et costumes d'homme – de l'époque de la monarchie française à nos jours. Les défilés annuels attirent les foules.

Art asiatique
La collection de peintures, de sculptures, de céramiques et de tissus la plus complète d'Occident.

Lila Wallace Wing
Le Met enrichit sans cesse sa collection d'art contemporain, avec des œuvres de Picasso à Jackson Pollock.

Sculpture européenne et arts décoratifs
L'une des plus impressionnantes collections du musée retrace l'évolution de l'art en Europe occidentale, notamment au travers de reconstitutions architecturales, d'intérieurs français et anglais, de tapisseries et de sculptures (Rodin, Degas).

Roof Garden
Chaque année de mai à octobre, l'Iris and B. Cantor Roof Garden expose de superbes collections de sculpture contemporaine. On peut aussi y boire un verre en profitant de la vue incomparable sur Central Park et les gratte-ciel alentour.

Suivez le guide
Le Costume Institute et une partie de la Robert Lehman Collection se situent au r.-d.-c. Au 1er (où se fait l'entrée) se trouvent l'aile américaine, la sculpture et les arts décoratifs européens, l'art égyptien et les galeries grecque et romaine. Le 2e étage accueille la peinture européenne et la peinture et la sculpture européennes du XIXe s.

Gauche *Les Joueurs de cartes,* 1890 Centre *La Terrasse à Sainte-Adresse,* 1867 Droite *Gertrude Stein,* 1905

Top 10 Peintures au Met

1 Autoportrait
Rembrandt (1606-1669) peignait son autoportrait tous les dix ans. Dans cette œuvre émouvante de 1660, il ne cherche nullement à cacher son âge (54 ans).

2 Vue de Tolède
L'une des œuvres les plus célèbres du Greco (1541-1614) représente la ville qui fut la capitale de l'Empire espagnol jusqu'en 1561 sous un ciel nuageux.

3 La Jeune Fille à l'aiguière
Peint entre 1660 et 1667, ce tableau illustre l'utilisation subtile et sensible de la lumière qui fait de Vermeer (1632-1675) l'un des plus grands maîtres flamands.

4 Les Moissonneurs
C'est l'un des panneaux de Bruegel (1525-1569) représentant les mois de l'année (il n'en reste que cinq). Un exemple parfait de l'utilisation de la lumière et du détail qui distingue Bruegel de ses pairs, où le réalisme est poussé à son paroxysme.

5 Madame X
John Singer Sargent (1856-1926) peint ici une Américaine, épouse d'un banquier français, que sa beauté rendit célèbre dans le Paris des années 1880.

6 La Terrasse à Sainte-Adresse
Monet passa l'été 1867 dans cette station balnéaire de la Manche, qu'il peint dans des couleurs chatoyantes. Le travail, d'une facture complexe, mêle illusion et réalité, confirmant la place de Monet (1840-1926) parmi les maîtres de l'impressionnisme.

7 Gertrude Stein
Ce portrait réalisé par Picasso (1881-1973) à l'âge de 24 ans témoigne de l'influence de la sculpture africaine, de la rupture avec sa période cubiste et ses silhouettes effilées.

8 Les Joueurs de cartes
Plus connu pour ses paysages et ses natures mortes, Cézanne (1839-1906) fut intrigué par une scène de paysans absorbés par leur partie de cartes. Ce projet ambitieux souligne l'intense concentration des joueurs.

9 Les Cyprès
Peinte en 1889, peu de temps après l'internement volontaire de Van Gogh (1853-1890), cette toile illustre parfaitement le coup de pinceau appuyé caractéristique de ses œuvres de l'époque.

Les Cyprès, 1889

10 Autumn Rhythm
Une très belle œuvre de Jackson Pollock (1912-1956), peintre expressionniste abstrait.

Autres galeries d'art new-yorkaises **p. 42-43**

À ne pas manquer

1. Gothic Chapel
2. Boppard Room (vitraux illustrant la vie des saints)
3. Merode Triptych, autel de l'Annonciation
4. *Les Neuf Preux* (tapisserie)
5. *La Chasse à la Licorne* (tapisserie)
6. The Treasury
7. The Elizabeth Shrine
8. Statue de la Vierge de la cathédrale de Strasbourg
9. Altar Angel
10. Jardins médiévaux

The Cloisters

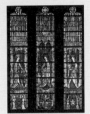

Vitraux (détail)

Outre les trésors du Moyen Âge qu'abrite le bâtiment principal, le Met possède un département spectaculaire, The Cloisters, superbe cloître médiéval reconstruit sur un terrain de 1,6 ha surplombant l'Hudson, dans l'enceinte du Fort Tryon Park. Inauguré en 1938, l'ensemble se compose d'éléments provenant de cinq cloîtres et d'autres sites monastiques du sud de la France. Il est renommé pour ses sculptures romanes et gothiques, mais aussi pour ses enluminures, ses tapisseries, ses vitraux, ses émaux, ses ivoires et ses peintures. Les jardins sont un havre de paix. John D. Rockefeller Jr. (p. 13) finança une grande partie du terrain, des bâtiments et des collections. Certains objets proviennent de sa collection personnelle.

La Licorne captive, 1495

Le cloître de Bonnefont

Ces arcades proviennent du cloître de Bonnefont-en-Comminges, situé dans le sud de la France. Elles datent de la fin du XIIIᵉ s. et du début du XIVᵉ s.

Autel de *L'Annonciation* de Robert Campin, 1425

> The Cloisters : ouv. nov.-fév. : mar.-dim. 9h30-16h45, mars-oct. : mar.-dim. 9h30-17h15.

Solomon R. Guggenheim Museum

Son plan intérieur en spirale, conçu en 1959 par Frank Lloyd Wright, est l'une des plus belles réussites architecturales du XXᵉ s. et vaut à lui seul le détour. La collection d'art abstrait de Solomon Guggenheim a été enrichie de plusieurs donations majeures. Le musée détient des œuvres de Brancusi, Calder, Klee, Chagall, Miró, Léger, Mondrian, Picasso, Oldenberg et Rauschenberg. Seule une petite partie de ce fonds est exposée, en alternance, car la galerie principale accueille des expositions temporaires. Certaines sections des collections Kandinsky (la plus importante des États-Unis) et Thannhauser – avec des chefs-d'œuvre de Cézanne, Gauguin, Van Gogh et Picasso – sont visibles en permanence.

Façade du musée
Guggenheim

🍴 **Faites une pause au café du r.-d.-c.**

🕐 **Pour visiter le musée, prenez l'ascenseur jusqu'à la coupole de verre, puis flânez jusqu'en bas.**

Audioguides gratuits pour le bâtiment de Frank Lloyd Wright et la collection permanente.

Programme quotidien de visites commentées. Adressez-vous au guichet principal.

• *1071 5th Ave et 89th St*
• *plan E4*
• *212 423 3500*
• *www.guggenheim.org*
• *ouv. sam.-mer. 10h-17h45, ven. 10h-19h45*
• *adultes 18 $, étudiants et seniors (sur justificatif) 15 $, moins de 12 ans et membres EG, ven. 17h45-20h contribution libre.*

À ne pas manquer

1. *La Repasseuse* (Thannhauser Collection)
2. *La Femme aux cheveux jaunes* (Thannhauser Collection)
3. *Montagnes à Saint-Rémy* (Thannhauser Collection)
4. *Devant le miroir* (Thannhauser Collection)
5. *Haere Mai* (Thannhauser Collection)
6. *Nature morte : bouteille, verre et pichet* (Thannhauser Collection)
7. *Bibémus* (Thannhauser Collection)
8. *L'Ermitage à Pontoise* (Thannhauser Collection)
9. *Lignes noires*
10. *Paris par la fenêtre*

La Repasseuse
Les premières œuvres de Picasso témoignent de son intérêt pour la classe ouvrière. Dans cette toile étonnante de 1904, les contours anguleux et la froide palette de blancs et de gris utilisés symbolisent la misère des plus démunis.

La Femme aux cheveux jaunes
Dans cette œuvre de 1931, Picasso peint le corps souple et la chevelure dorée de sa maîtresse, Marie-Thérèse, l'un de ses modèles favoris. Il reprit la courbe de ce visage dans les nombreux portraits de sa jeune muse.

Autres musées de New York **p. 40-41**

Devant le miroir
Édouard Manet scandalisa Paris avec ses portraits de prostituées et de courtisanes. Il peint ici l'intimité d'une femme à demi nue, peut-être une actrice, contemplant son reflet dans le miroir.

Montagnes à Saint-Rémy
Van Gogh se remettait d'une crise de démence lorsqu'il peignit cette toile, en juillet 1889, un an avant son suicide. La chaîne des Alpilles est représentée telle qu'il la voyait depuis sa chambre d'hôpital. La facture puissante caractéristique de ses dernières œuvres.

Nature morte : bouteille, verre et pichet
Cette toile (1877) illustre l'interaction entre la surface et la profondeur qui caractérise la dernière période de l'œuvre de Paul Cézanne. Les pommes tachetées en arrière-plan témoignent d'une maîtrise de l'espace et de la perspective qui fit du peintre le précurseur du cubisme.

L'Ermitage à Pontoise
Cette peinture *(ci-dessus)* du village où Pissarro vécut par intermittence (1866-1883) souligne l'utilisation de la lumière et des ombres. Cette représentation fut jugée commune par certains peintres de l'époque.

Lignes noires
Avec ses ovales ondulants aux couleurs riches et ses coups de pinceau noirs et énergiques Kandinsky, cherchait à faire réagir le public. *Lignes noires* (1913) est l'une de ses œuvres non-figuratives les plus célèbres.

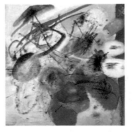

Paris par la fenêtre
Peinte après que Chagall a quitté la Russie pour Paris en 1910, cette toile est à la pointe de l'avant-garde. La tour Eiffel en toile de fond est une métaphore de Paris et de la modernité.

Haere Mai
Gauguin, alors en quête d'un paradis vierge de toute culture occidentale, découvrit Tahiti en 1891. Ce village *(ci-dessous)* date de ce premier voyage. Les couleurs et les formes illustrent la simplicité que l'artiste recherchait. Dans le coin gauche est peinte une phrase : *Haere Mai* (« Viens ici »).

Bibémus
À Bibémus, carrières abandonnées près d'Aix-en-Provence, Cézanne trouva un paysage façonné par l'homme en accord avec son style de plus en plus géométrique. Il en peignit de nombreuses variations à partir de 1895.

Frank Lloyd Wright

Wright (1867-1959) conçut de nombreux bâtiments publics, mais il est plus connu pour ses projets résidentiels, son « architecture organique » qui épouse les contours naturels et ses espaces intérieurs qui rompent avec la tradition et eurent une influence durable. Le musée Guggenheim est l'une de ses dernières réalisations. Wright était si absorbé par son plan en spirale que lorsqu'on l'informa que certains murs étaient trop petits pour recevoir les grands tableaux, il aurait répondu : « Coupez-les en deux. »

Autres galeries d'art de New York p. 42-43

🔟 American Museum of Natural History

Rares sont les petits New-Yorkais qui grandissent sans avoir vu les dinosaures, les dioramas grandeur nature et autres merveilles de ce musée fréquenté par plus de 4 millions de visiteurs chaque année. Créé en 1869, il occupe désormais quatre blocks, comprend 45 salles d'expositions permanentes et détient 30 millions de spécimens et d'objets, dont beaucoup sont uniques au monde. Dans les nouvelles salles – la salle de la biodiversité, les salles rénovées des fossiles et le Rose Center (p. 36-37) –, des bornes multimédias informent les visiteurs sur les recherches récentes.

Entrée du musée sur 77th St

🍴 Mangez au restaurant du r.-d.-c. ou dans l'un des trois cafés du muséum.

🕐 Ne manquez pas les dinosaures, les mammifères d'Afrique, les minéraux et les pierres précieuses.

Visites guidées du musée et concerts de jazz gratuits chaque 1er ven. du mois.

• Central Park West entre 77th et 81st Sts
• plan F2
• 212 769 5100
• www.amnh.org
• ouv. t.l.j. 10h-17h45 ; Rose Center ouv. 1er ven. du mois 10h-20h45
• adultes 15 $, étudiants et seniors 11 $, enfants 8,50 $, membres EG ; Museum et Hayden Planetarium Space Show 22/16,50/13 $; Super Saver (incluant films IMAX et expositions temporaires) 30/23/19 $.

À ne pas manquer

1. Dinosaures et fossiles
2. Mammifères
3. Biologie marine
4. Salle de la biodiversité
5. Salle des peuples d'Asie
6. Salle des peuples d'Afrique
7. Salle des météorites, minéraux et pierres précieuses
8. Indiens de la côte nord-ouest
9. Biologie humaine et évolution
10. Oiseaux du monde

2 Mammifères

Fantastiques dioramas d'animaux grandeur nature présentés par continent dans leurs habitats naturels, du mouton des Rocheuses aux éléphants d'Afrique en passant par des espèces asiatiques menacées, tels le lion et le léopard.

Légende du plan

⬜	Rez-de-chaussée
⬜	1er étage
⬜	2e étage
⬜	3e étage
⬜	Rose Center

3 Biologie marine

Milstein Hall of Ocean Life explore la faune et la flore aquatiques dans d'ingénieux dioramas. De vrais poissons y côtoient la reproduction grandeur nature d'une baleine bleue de 29 m.

1 Dinosaures et fossiles

Cette collection de fossiles de dinosaures est la plus importante du monde. Celui d'un barosaure géant, dont un moulage est exposé dans la rotonde, en est le plus grand spécimen.

➔ Autres musées de New York p. 40-41

Salle de la biodiversité
Ouverte pour encourager la protection de l'environnement, elle abrite la reconstitution d'une forêt tropicale, avec ses bruits, sa végétation et sa faune. Le mur de 30 m de long du Spectrum of Life présente 1 500 spécimens, des bactéries aux mammifères.

Salle des peuples d'Asie
De magnifiques objets, œuvres d'art, costumes et dioramas illustrent les religions et les cultures de la Chine, de la Corée, de l'Inde et d'autres pays d'Asie.

Le Hayden Planetarium (p. 37) se trouve au 3ᵉ étage

Salle des peuples d'Afrique
Ces représentations de tribus vivant dans différents environnements sont le fruit d'un siècle de recherches. Habitats, vêtements, masques, tissus, armes et outils y sont exposés.

Salle des météorites, minéraux et pierres précieuses
Ses trésors : le plus gros saphir du monde (563 carats), une topaze de 270 kg et la météorite de Cape York, vieille de 4,5 milliards d'années et pesant 34 t.

Indiens de la côte nord-ouest
Les totems exposés ici illustrent le travail du bois des tribus vivant dans l'État de Washington, au sud de l'Alaska. À voir également, un canoë de 19 m de long datant de 1878.

Biologie humaine et évolution
Les origines de l'homme et ses caractéristiques physiques (reconstitutions de têtes des premiers hominidés). Une rencontre avec nos plus lointains ancêtres.

Oiseaux du monde
La plus grande collection d'oiseaux du monde (plus d'un million d'espèces). Une salle est consacrée à la biologie des oiseaux et trois autres présentent de fantastiques dioramas d'oiseaux pélagiques, d'Amérique ou d'ailleurs.

Suivez le guide

Les salles consacrées aux peuples et animaux d'Asie, d'Amérique centrale, d'Amérique du Sud et d'Afrique sont au 1ᵉʳ ét. La biodiversité, la biologie marine, les minéraux et pierres précieuses occupent le r.-d.-c. Les Indiens d'Amérique, les oiseaux et les reptiles se trouvent au 2ᵉ ét., et les dinosaures et les fossiles au 3ᵉ ét.

Réservations pour le Rose Center's Space Show au 212 769 5200.

Gauche **Cosmic Pathway** Centre **Scales of the Universe** Droite **Cosmic Pathway**

Rose Center for Earth and Space

1 Le bâtiment
Inauguré en 2000, le Rose Center est consacré au thème de l'exploration du centre de la Terre et de l'Univers. Cet immense cube de verre englobe la sphère de 26 m de diamètre de l'Hayden Planetarium.

2 Hall of the Universe
Les découvertes de l'astrophysique moderne sont présentées dans des expositions consacrées respectivement à l'Univers, aux galaxies, aux étoiles et aux planètes.

3 Écosphère
Un aquarium sphérique reproduit un écosystème végétal et animal capable de recycler les nutriments et de ne fonctionner qu'à l'énergie solaire.

4 AstroBulletin
Ce vaste écran vidéo de haute définition diffuse les dernières images des observations télescopiques mondiales et des actuelles missions de la NASA.

5 Hall of Planet Earth
Des échantillons géologiques du monde entier et des vidéos expliquent les processus de création et d'évolution de la planète.

Hayden Planetarium

6 Dynamic Earth Globe
Ce globe suspendu au-dessus de l'amphithéâtre dans le Hall of Planet Earth recrée la vision que l'on a depuis l'espace de la Terre en rotation.

7 Earth Event Wall
Un écran diffuse en direct des informations sur les phénomènes naturels – tremblements de terre ou éruptions volcaniques. D'autres montrent des scientifiques à l'œuvre.

8 Scales of the Universe Walkway
Des maquettes illustrent la taille proportionnelle des objets cosmiques, humains et microscopiques, des étoiles et des planètes jusqu'au cerveau humain et au plus petit atome.

9 Big Bang
À travers un plancher en verre, les visiteurs peuvent voir une interprétation multisensorielle des premiers mouvements de l'Univers.

10 Cosmic Pathway
Une rampe de 110 m de long où une série de clichés astronomiques retracent 13 milliards d'années d'évolution cosmique.

Autres musées de New York p. 40-41

Le Hayden Planetarium

Le Hayden Planetarium est un atout remarquable pour la connaissance de l'astronomie et de l'astrophysique. Il est doté d'un Digital Dome System très sophistiqué, le dernier cri des simulateurs de réalité virtuelle en haute résolution. Au Space Theater (429 places), le spectateur prend part à des vols virtuels dans un univers scientifiquement exact. La projection « Cosmic Collisions » est commentée par Robert Redford. C'est un voyage dans l'espace et le temps, jusqu'aux confins du cosmos. Le public sent le sol trembler lors de l'impact de la météorite qui mit fin à l'ère des dinosaures. Autre projection « Sonic Vision » à laquelle vous pouvez assister : des images hypnotiques sur fond musical.

Virtual Nebula
Le planétarium propose une représentation virtuelle de chaque étoile et de chaque nébuleuse sur une carte de la galaxie en 3D. Un environnement d'un réalisme époustouflant est recréé par une technologie multisensorielle de pointe.

Le Hayden Planetarium au sein du Rose Center for Earth and Space

Double page suivante **Times Square la nuit**

Gauche **Solomon R. Guggenheim Museum** Droite **Frick Collection**

Musées

Metropolitan Museum of Art

Il faudrait des semaines pour découvrir tous les trésors de ce musée colossal, qui possède une collection de plus de 3 000 peintures européennes. Les salles grecque, romaine, chypriote et asiatique attirent une foule de visiteurs, et la Howard Gilman Photography Gallery prend de l'ampleur *(p. 28-31)*.

Museum of Modern Art

Pour son 75e anniversaire, le MoMA a fait l'objet de travaux d'agrandissement qui ont quasiment doublé la capacité du bâtiment d'origine. Rouvert depuis 2004, il abrite une collection extrêmement complète d'art moderne, comprenant notamment des œuvres d'artistes internationaux comme Picasso, Van Gogh et Warhol. ◆ *11 West 53rd St • plan J3 • ouv. mer.-lun. 10h30-17h30, ven. 10h30-20h • www.moma.org • EP.*

American Museum of Natural History

Des dinosaures aux costumes chinois en passant par les pierres précieuses : le plus grand musée d'histoire naturelle du monde. À voir également : le Rose Center *(p. 34-37)*.

Solomon R. Guggenheim Museum

Le musée s'est enrichi de plusieurs grandes donations, dont des œuvres de maîtres impressionnistes de Justin Thannhauser, des tableaux cubistes, surréalistes et expressionnistes abstraits de Peggy Guggenheim, une collection d'art minimaliste et conceptuel américain, et la plus importante collection d'œuvres de Kandinsky des États-Unis *(p. 32-33)*.

Whitney Museum of American Art

L'étonnant bâtiment de Marcel Breuer abrite une collection permanente et des expositions temporaires embrassant tout l'éventail de l'art américain du XXe s. ◆ *945 Madison Ave et 75th St • plan G4 • ouv. mer.-jeu. 11h-18h, ven. 13h-21h, sam.-dim. 11h-18h • www. whitney.org • 1800 944 8639 • EP.*

Frick Collection

L'hôtel particulier de l'industriel Henry Clay Frick, avec son jardin intérieur et sa fontaine, sert de décor à une collection exceptionnelle de toiles de grands maîtres, de mobilier

français et d'émaux de Limoges.
Ne manquez pas les Rembrandt,
les Vermeer et les Hals dans la
galerie ouest, ni les Holbein, les
Titien et les Bellini dans le grand
salon. ✪ *1 East 70th St & 5th Ave
• plan G4 • ouv. mar.-sam. 10h-18h,
dim. 11h-17h • www.frick.org • EP.*

Brooklyn Museum

Installé dans un bel édifice
Beaux-Arts, ce musée propose
expositions temporaires et
collections permanentes d'art
asiatique, égyptien, africain et
américain. Ouvert en 2007, le
centre Elizabeth A. Sackler pour
l'art féministe est le premier
espace public de ce genre dans
le pays. ✪ *200 Eastern Pkwy, Brooklyn
• métro 2 et 3 pour Eastern Pkwy • ouv.
mer.-ven. 10h-17h, sam.-dim. 11h-18h,
1er sam. du mois 11h-23h (sf sept.)
• www.brooklynmuseum.org • EP.*

Morgan Library & Museum

Construit en 1902, ce palais
Renaissance abrite la collection
du milliardaire J. Pierpont Morgan
– extraordinaire ensemble de
manuscrits, de livres et de
gravures rares – et des expositions temporaires. Ne manquez
pas le cabinet de travail et la
bibliothèque originels. ✪ *225 Madison Ave et 36th St • plan K4 • ouv. mar.-
jeu. 10h30-17h (ven. 21h), sam.10h-18h,
dim. 11h-18h • www.themorgan.org • EP.*

Museum of the City of New York

Un musée évoquant l'histoire de
New York. Exposées par roule-
ment, les œuvres évoquent la
mode, l'architecture, la publicité,
l'identité culturelle, les traditions
ethniques et l'histoire sociale.
Le musée présente un film qui
retrace l'expansion de la ville, et
diverses autres installations.
✪ *1220 5th Ave et 103 rd St • plan D3
• ouv. mar.-dim. 10h-17h • EP.*

Museum of the City of New York

American Folk Art Museum

Le premier musée de New York
construit en 30 ans. Sa structure
novatrice à 8 étages, coiffée d'un
toit en verre, laisse entrer la
lumière naturelle. Elle renferme
une collection d'objets américains farfelus : peintures, *quilts*,
sculptures, girouettes, broderies
et meubles. ✪ *45 West 53rd St, entre
5th et 6th Aves (ou 2 Lincoln Square et
Colombus Ave • plan J3 • ouv. mar.-dim.
10h30-17h30, ven. 10h30-19h30 • www.
folkartmuseum.org • EP.*

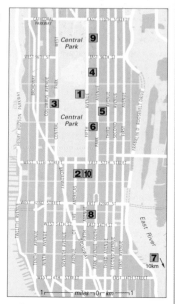

Gauche **Mary Boone Gallery** Droite **Paula Cooper Gallery**

🔟 Galeries d'art

1 Gagosian

Grands noms et prix élevés pour les trois adresses de cette prestigieuse galerie : 2 étages *uptown* et 2 grands espaces pour les œuvres volumineuses à Chelsea. Parmi les artistes exposés : Damien Hirst, Anselm Kiefer, Richard Serra et Cy Twombly. 🖎 *980 Madison Ave (et Chelsea : 555 West 24th St, et 522 West 21st St)* • *plan E4* • *www.gagosian.com* • *ouv. mar.-sam. 10h-18h.*

2 Marlborough

Cette galerie très réputée représente notamment Larry River, Red Grooms et R.B. Kitaj. Elle possède aussi deux adresses, l'une à Midtown pour les sculpteurs,tels Anthony Caro et Jacques Lipschitz, l'autre à Chelsea pour les jeunes peintres et sculpteurs. 🖎 *2e ét., 40 West 57th St, (et Chelsea : 245 West 25th St)* • *plan H3* • *www.marlboroughgallery.com* • *ouv. lun.-sam. 10h-17h30.*

3 Mary Boone

L'un des plus grands noms du monde de l'art a quitté SoHo pour une galerie épurée de Chelsea. Les œuvres exposées gardent un esprit *downtown* et les jeunes talents côtoient des artistes établis. De temps à autre, d'intéressantes expositions collectives de sculpture, de photographie et de peinture sont réunies par des collectionneurs indépendants. 🖎 *4e ét., 541 West 24th St, entre 10th et 11th Sts (745 5th Ave)* • *plan L2* • *www. maryboonegallery.com* • *ouv. mar.-sam. 10h-18h, (le sam. en été : sur r.-v. seul.).*

Œuvres contemporaines à la Pace Wildenstein Gallery

4 Pace Wildenstein

Picasso, Rothko, Chuck Close ou Agnes Martin sont quelques-uns des maîtres modernes du XXe s. que présente cette galerie ultraprestigieuse. L'adresse de 57th St expose photographies, gravures, peintures et sculptures. Une nouvelle galerie a ouvert à Chelsea pour les œuvres volumineuses. 🖎 *32 East 57th St, 4e ét. (et Chelsea : 534 West 25th St)* • *plan H4* • *www.pacewildenstein.com* • *ouv. mar.-ven. 9h30-18h, sam. 10h-18h.*

5 Sperone Westwater

Une excellente vitrine de la plus créative des productions actuelles. Cette galerie a ouvert en 1975 pour accueillir des artistes européens alors peu connus aux États-Unis. Elle a exposé les œuvres des plus grands, dont Bruce Nauman et son épouse Susan Rothenberg. 🖎 *415 13th St, West Village* • *plan M3* • *242 Greene St, Suite 2* • *plan N4* • *www.sperone westwater.com* • *ouv. mar.-sam. 10h-18h (et lun. en été).*

La spacieuse Paula Cooper Gallery

The Drawing Center

Créé en 1976 pour la promotion du dessin, ce centre à but non lucratif a déjà présenté, outre celles des grands maîtres, les œuvres de plus de 1 800 jeunes artistes. Le centre organise également des lectures mensuelles pour promouvoir la nouvelle littérature.

⊗ *35 Wooster St • plan P4 • www.drawingcenter.org • ouv. mar.-ven. 10h-18h, sam. 11h-18h, ferm. 25-26 nov., 24 déc.-1er jan.*

Dia Center for the Arts

Fervent partisan des œuvres d'art de grandes tailles depuis les années 1970, et centre à but non lucratif, le Dia Center for the Arts cherche actuellement un nouvel espace dans Chelsea. En attendant, les expositions continuent d'être présentées à la succursale de Beacon *(p. 120)*.

Matthew Marks

Cette galerie fut la première à s'installer à Chelsea (1994), dans un ancien garage. Elle est spécialisée dans les artistes de renom tels qu'Ellsworth Kelly, Jasper Johns, Nan Goldin et Brice Marden. Sa seconde adresse se trouve sur 24th St, dans une ancienne usine de deux étages et présente actuellement de récentes créations de peinture, de photographie et de sculpture *(p. 120)*.

Paula Cooper

Ce vaste espace original, dont le plafond cathédrale laisse filtrer la lumière naturelle, fait office d'écrin à l'art conceptuel et minimaliste d'artistes aussi réputés que Donald Judd, Sol Lewitt, Sophie Calle et d'autres artistes. Paula Cooper, l'une des pionnières de SoHo, quitta ce quartier en 1996 pour Chelsea *(p. 120)*.

Paul Kasmin

Kasmin est le fils d'un marchand d'art londonien. Il perpétue ici la tradition familiale de découverte de nouveaux talents. Ses expositions collectives servent souvent de tremplin à de jeunes artistes. Il organise également des expositions autour d'un artiste plus renommé, un peintre, un sculpteur ou un photographe. Kasmin a suivi l'exode vers Chelsea en 1999 *(p. 120)*.

Gauche **Chrysler Building** Droite **Vue du World Financial Center depuis la marina**

Gratte-ciel

Empire State Building
Construit en 1930-1931, l'Empire State Building est le plus haut gratte-ciel de New York. Durant 27 ans, les tours jumelles du World Trade Center l'ont surpassé, jusqu'à leur destruction lors de l'attaque terroriste en septembre 2001. Chaque année, quelque 3,5 millions de visiteurs montent à l'Observatoire du 86e étage *(p. 8-9)*.

G.E. Building
Ce gratte-ciel spectaculaire *(p. 13)* construit par Raymond Hood (1931-1933) lance vers le ciel ses 70 étages en gradins. La réussite du projet de Hood réside aussi dans le contraste entre la hauteur de l'édifice et les bâtiments du Rockefeller Center qui l'entourent.
⊗ *30 Rockefeller Plaza, entre 50th et 51st Sts • plan J3 • fermé au public.*

Chrysler Building
Sa flèche en acier inoxydable étincelant apporte une touche d'élégance au paysage new-yorkais. Ce bâtiment Arts déco (1928-1930) est un hommage fantasque de William Van Alen à l'univers de l'automobile. La frise décorative est composée d'enjoliveurs stylisés, et les gargouilles argentées rappellent les bouchons de radiateur ailés d'une Chrysler *(p. 123)*.

Flatiron Building
La conception de cet immeuble triangulaire de 21 étages intrigue les New-Yorkais depuis sa construction, en 1902. C'était à l'époque le plus grand building du monde, et chacun épiloguait sur son effondrement. L'architecte Daniel Burnham remplaça les traditionnels murs de pierre par une structure d'acier. Un exemple qui fut suivi dans la construction des gratte-ciel postérieurs *(p. 112)*.

Woolworth Building
L'architecte Cass Gilbert conçut cet immeuble gothique flamboyant (1913), qui resta le plus haut du monde pendant près de 20 ans. Les riches ornements en terra-cotta soulignent la structure d'acier de 55 étages qui domine Broadway. Le petit hall en marbre est l'un des plus luxueux de Manhattan.
⊗ *233 Broadway, entre Park Pl et Barclay St • plan Q4 • EG.*

Lever House
Achevée en 1952, la construction par Gordon Bunshaft des 24 étages de la première tour de verre et d'acier de la ville fut une véritable révolution. Par la suite, Park Avenue se peupla de nombreuses autres tours de verre… ⊗ *390 Park Ave, entre 53rd et 54th Sts • plan J4 • horaires de bureau.*

Seagram Building

7 Dressé sur une esplanade, ce «pavé de verre» aux murs de vitres fumées parcourus de fines poutres de bronze est le premier immeuble new-yorkais conçu par Mies Van der Rohe. Les matériaux utilisés par Philip Johnson dans le hall abolissent la frontière entre l'intérieur et l'extérieur. On

y trouve le restaurant Four Seasons (qui propose de la cuisine américaine). ✆ *375 Park Ave, entre 52nd et 53rd Sts • plan J4 • horaires de bureau.*

Citigroup Center

Citigroup Center

8 Le premier gratte-ciel postmoderne new-yorkais, haut de 59 étages, date de 1978. Le sommet biseauté, conçu pour servir de panneau solaire, n'a jamais fonctionné, mais rend l'immeuble instantanément identifiable. Malgré sa taille imposante, sa base ouverte sur quatre hautes colonnes et son revêtement d'aluminium et de verre lui donnent des allures aériennes. ✆ *153 East 53rd St et Lexington Ave • plan J4 • fermé au public.*

World Financial Center

9 En 1985, Cesar Pelli dota la ville d'un élégant centre d'affaires avec ce complexe postmoderne composé de quatre hautes tours encadrant un splendide jardin d'hiver planté de palmiers. Des espaces publics accueillent des concerts et des spectacles. L'esplanade donne sur une marina d'où l'on peut admirer la statue de la Liberté *(p. 16).*

Jardin d'hiver du World Financial Center

World Wide Plaza

10 Le toit de cuivre et la couronne de verre dépoli surmontant les 48 étages de la tour de Skidmore, Owings & Merrill apportent un charme classique à ce bâtiment postmoderne de 1989. Une arcade panoramique sert d'entrée annexe. La construction de ce complexe, qui comprend deux tours d'habitation et une vaste esplanade, redynamisa un quartier en déclin. ✆ *Entre 8th et 9th Aves et 49th et 50th Sts • plan J2.*

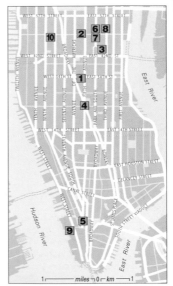

Gauche **Grand Central Terminal** Droite **US Custom House**

TOP 10 Monuments historiques

St. Paul's Chapel
1 Le splendide intérieur géorgien de cette église (1767-1768) est éclairé par des chandeliers Waterford. Le banc sur lequel George Washington se recueillit après son investiture s'y trouve toujours *(p. 80)*.

City Hall
2 Cet édifice de style géorgien teinté de Renaissance française (1812) est l'un des plus beaux de New York. À l'intérieur, une rotonde cernée de colonnes corinthiennes s'ouvre sur un escalier en marbre à double volée *(p. 80)*.

Façade du City Hall

Trinity Church
3 Les portes de bronze de cette église à tour carrée *(p. 73)* sont l'œuvre de Richard Morris Hunt. La flèche, qui dominait Manhattan à l'époque de sa construction (1839-1846), est désormais écrasée par les buildings de Wall Street.

St. Patrick's Cathedral
4 En 1878, James Renwick Jr. construisit la plus grande église catholique américaine néo-gothique, dotée de deux flèches de 100 m de haut. On remarquera ses autels latéraux, ses chapelles et ses vitraux *(p. 124)*.

Trinity Church

Carnegie Hall
5 Le philanthrope Andrew Carnegie finança la première grande salle de concert de la ville en 1891. Les magnifiques balcons de bronze intérieurs et les plâtres ornementaux ont été restaurés, et un musée retrace le premier siècle d'existence de la salle. Le décor des couloirs évoque le souvenir des grands artistes qui se produisirent ici *(p. 50 et 125)*.

Cathedral of St. John the Divine
6 La construction de la plus grande cathédrale du monde commença en 1892 et n'est pas encore achevée ! L'édifice impressionne par son immense nef, ses vitraux, son chœur et sa rosace. Siège de l'archidiocèse épiscopal de New York, il accueille également des spectacles de musique et de théâtre d'avant-garde *(p. 145)*.

New York Stock Exchange

7 La façade monumentale de cet édifice construit en 1903 à l'image d'un temple romain convient parfaitement à ce haut lieu de l'économie américaine. Les bas-reliefs du fronton illustrent le Commerce. C'est ici que le krach boursier de 1929 débuta – le fameux « jeudi noir » *(p. 73)*.

US Custom House

8 L'un des meilleurs exemples d'architecture néoclassique de la ville (1907). Ses 8 étages sont surmontés d'un toit Mansard et de magnifiques sculptures. L'immense rotonde ovale est décorée d'une marine de Reginald Marsh (1927) *(p. 74)*.

New York Public Library

9 Un chef-d'œuvre de la période Beaux-Arts (1911). Les escaliers, les terrasses et les fontaines sont impressionnants. Les salles de lecture des périodiques invitent au repos. Spectacles et débats s'y déroulent régulièrement *(p. 124)*.

Grand Central Terminal

10 Sauvé de la démolition en 1973, cet édifice public (1913) est d'une grande beauté, avec son vaste hall principal baigné de lumière. Le plafond voûté bleu azur est constellé d'étoiles scintillantes *(p. 123)*.

Églises et temples

1 **Zion St. Mark's Evangelical Lutheran Church**
Un vestige du passé allemand d'Upper East construit en 1888. ⊗ *339 East 84th St • plan F5.*

2 **St. George's Ukrainian Catholic Church**
Église contemporaine bâtie dans le style byzantin. ⊗ *30 East 7th St • plan M4.*

3 **St. Nicholas Russian Orthodox Cathedral**
Une église russe baroque couronnée de 5 bulbes. ⊗ *15 East 97th St • plan E4.*

4 **St. Sava Serbian Orthodox Church**
Des fenêtres byzantines ont été adjointes à cette église de 1856. ⊗ *15 West 25th St • plan L3.*

5 **St. Vartan Armenian Cathedral**
Le dôme doré s'inspire des églises d'Arménie. ⊗ *630 2nd Ave • plan K4.*

6 **St. Elizabeth of Hungary Church**
La voûte de cette église néogothique est entièrement peinte. ⊗ *211 East 83rd St • plan F4.*

7 **Greek Orthodox Cathedral of the Holy Trinity**
Siège du diocèse construit en 1931 dans le style byzantin. ⊗ *319 East 74th St • plan G5.*

8 **Temple Emanu-El**
La plus grande synagogue du monde a été conçue en 1929. ⊗ *1 East 65th St • plan G4.*

9 **First Chinese Presbyterian Church**
Ce sanctuaire de pierre date de 1819. ⊗ *61 Henry St • plan P5.*

10 **Islamic Cultural Center**
Quatre-vingt-dix lanternes sont suspendues au dôme par des tiges de cuivre. ⊗ *1711 3rd Ave • plan E4.*

Gauche **Alexander Hamilton** Centre **DeWitt Clinton** Droite **John D. Rockefeller Jr. (gauche)**

Personnalités historiques new-yorkaises

1 Peter Minuit
Venu de Hollande en 1626 pour gouverner New Amsterdam, Peter Minuit (1580-1638) était tellement haï par ses administrés que ces derniers réservèrent un fervent accueil aux Britanniques.

2 Alexander Hamilton
Ce dirigeant révolutionnaire (1755-1804), premier secrétaire au Trésor, mena une politique favorable aux entreprises qui fit de New York *la* place financière du pays. Il fut tué lors d'un duel par son rival en politique, Aaron Burr. Il est enterré au cimetière de Trinity Church.

3 William « Boss » Tweed
Chef politique de Tammany Hall, Tweed (1823-1878) est l'incarnation de la corruption politique. Lui et ses associés auraient détourné jusqu'à 200 millions de dollars des caisses de la ville, masquant leur crime derrière de bonnes œuvres. Il finit sa vie en prison.

William « Boss » Tweed

4 DeWitt Clinton
Maire de la ville, gouverneur de l'État et sénateur des États-Unis, Clinton (1769-1828) est surtout connu pour avoir négocié la construction du canal Érié (1817-1825) reliant les grands lacs à l'Hudson River. Il contribua ainsi à faire de New York un grand port maritime.

5 Jacob Riis

Bouleversé par les conditions de vie des immigrants, Riis (1849-1914), réformateur, écrivain et photographe, illustra ses récits de ses photos de taudis, faisant ainsi réagir la classe moyenne.

6 John D. Rockefeller Jr.
La générosité de John D. Rockefeller Jr. (1874-1960) favorisa le logement à Harlem, dans le Bronx et le Queens, permit la création de Fort Tryon Park et des Cloisters, et dota les Nations unies d'un terrain pour son siège. Dans les années 1930, la construction du Rockefeller Center *(p. 12-15)* donna du travail à des milliers de personnes au plus fort de la crise.

7 Fiorello LaGuardia
Élu en 1933 et considéré depuis comme le meilleur maire qu'ait eu la ville, LaGuardia (1882-1947) modernisa et centralisa une administration municipale chaotique, régla la question des déchets, unifia le système des transports et obtint des fonds fédéraux pour la ville. Homme du peuple, on se souvient de lui pour avoir lu des bandes dessinées à la radio pendant une grève de la presse locale.

8 Robert Moses

Directeur puissant et controversé des travaux publics et du service des parcs des années 1930 aux années 1950, Moses (1888-1981) a agrandi et modernisé les jardins de la ville. On lui reproche toutefois d'avoir couvert New York de voies rapides au lieu de développer les transports en commun. Il est également à l'origine des projets d'urbanisme qui firent raser de nombreux quartiers au profit des gratte-ciel.

9 Donald Trump

Le flamboyant promoteur a marqué la ville d'une empreinte indélébile. L'immense Trump Place domine l'Hudson, et dans la Trump Tower, la plus haute tour d'habitation du monde, le moins cher des appartements ne coûte pas moins d'un million de dollars.

10 Rudolph Giuliani

Durant son mandat de maire (1993-2001), Rudy Giuliani a réduit la criminalité, assaini la ville et amélioré la qualité de vie de la plupart des New-Yorkais. Personnage controversé pour sa forte personnalité et sa tendance à écarter quiconque s'opposait à lui, son attitude après l'attaque du World Trade Center (2001) rallia une ville sous le choc.

Dates clés de l'histoire de New York

1 1626
Peter Minuit achète Manhattan aux indigènes contre des colifichets d'une valeur de 24 dollars.

2 1664
Les Britanniques prennent Manhattan aux Hollandais. New Amsterdam devient New York.

3 1789
George Washington devient le premier président des États-Unis et prête serment au Federal Hall. New York est la première capitale du pays.

4 1792
Ouverture du New York Stock Exchange. Sous un arbre de Wall Street, 24 courtiers signent un accord. La ville devient une place financière.

5 1876
Inauguration de Central Park. Le poumon vert de la ville accueille chaque année des millions de promeneurs.

6 1886
La statue de la Liberté est dévoilée au public et devient le symbole de la liberté pour les millions d'immigrants qui composeront le melting-pot de la ville.

7 1898
Les cinq *boroughs* se réunissent pour former la deuxième plus grande ville du monde.

8 1931
L'Empire State Building fait de New York la capitale mondiale des gratte-ciel.

9 1952
La ville accueille le siège des Nations unies.

10 2001
Des terroristes détournent des avions et détruisent les tours du World Trade Center.

Gauche **Madison Square Garden** Centre **Radio City** Droite **Brooklyn Academy of Music**

Salles de spectacle

1 Carnegie Hall

Les plus grands musiciens se produisent dans cette salle, inaugurée en 1891 par Tchaïkovski lors de ses débuts aux États-Unis. Après l'ouverture du Lincoln Center *(p. 139)*, en 1969, elle échappa à la démolition grâce à la campagne menée par le violoniste Isaac Stern. Carnegie Hall entama son deuxième siècle après une vaste rénovation qui préserva son style *(p. 125)*.

2 Metropolitan Opera House

De magnifiques fresques de Marc Chagall apparaissent derrière les grandes fenêtres cintrées de la salle de spectacle la plus élégante du Lincoln Center *(p. 139)*. Avant chaque représentation, les splendides lustres sont remontés au plafond. L'opéra accueille l'American Ballet Theater et de nombreuses troupes itinérantes, ainsi qu'une célèbre compagnie lyrique.

3 Avery Fisher Hall

Grâce à la générosité d'Avery Fisher, et une fois résolus les problèmes d'acoustique, l'ancien Philharmonic Hall est aujourd'hui digne du New York Philharmonic, le plus ancien orchestre symphonique des États-Unis. Rodin exécuta le buste du compositeur Gustav Mahler, ancien directeur artistique, situé sur le côté ouest du bâtiment. C'est l'une des plus belles sculptures publiques du Lincoln Center *(p. 139)*.

4 New York State Theater

La scène fut construite en 1964 selon les instructions du chorégraphe légendaire George Balanchine, fondateur du New York City Ballet, qui se produit ici en hiver et au printemps. C'est également le siège du New York City Opera, dont les productions de qualité sont beaucoup plus abordables que celles du « Met » *(p. 139)*.

5 Alice Tully Hall

Construite pour la Chamber Music Society of Lincoln Center, la salle est agréable et intimiste. Elle accueille des orchestres de chambre et des concerts lyriques, mais aussi les spectacles des étudiants et des professeurs de la Julliard School, dont beaucoup sont gratuits *(p. 139)*.

Autres salles de spectacle **p. 24 et 52-53**

6 City Center Theater
Cet édifice mauresque doté d'un dôme de céramiques espagnoles fut conçu en 1921. Sauvée des griffes des promoteurs par LaGuardia *(p. 48)* et survivant malgré le départ de ses compagnies pour le Lincoln Center, la salle accueille désormais des compagnies itinérantes. *131 West 55th St, entre 6th et 7th Aves • plan H3 • 212 581 1212 • www.citycenter.org • EG.*

City Center Theater

7 Joyce Theater
Ce cinéma Arts déco (1941) a été habilement transformé en scène de danse. De petites et moyennes compagnies viennent du monde entier y présenter des créations que l'on ne peut voir nulle part ailleurs à Manhattan. Les spectacles du mercredi soir sont parfois suivis de rencontres avec les artistes. *175 8th Ave et 19th St ; Joyce Soho : 155 Mercer St • plan L2 • 212 242 0800 • www.joyce.org • EP.*

8 Radio City Music Hall
Inauguré en 1932, le plus grand théâtre des États-Unis abrite un luxueux intérieur Arts déco. Cet ancien cinéma accueille désormais des spectacles musicaux. Le spectacle annuel des Rockettes, avec ses 36 danseuses aux jambes interminables, est une tradition de Noël. *1260 6th Ave et 50th St • plan J3 • 212 247 4777*

• vis. guid. lun.-sam. 11h-15h
• www.radiocity.com • EP.

9 Brooklyn Academy of Music (BAM)
Cet imposant bâtiment néo-italien (1908) attire en nombre les New-Yorkais grâce à des programmes très avant-gardistes. Le plus connu, le Next Wave Festival, dure depuis 1981. *30 Lafayette Ave, Brooklyn • métro Atlantic Ave • 718 636 4100 • ouv. lun.-sam. 12h-18h • www.bam.org • EP.*

10 Madison Square Garden
Stade des équipes locales de basket (les Knicks) et de hockey (les Rangers), cette salle de 20 000 places accueille également des concerts, du patinage, du tennis, de la boxe, des expositions canines et des troupes de cirque. *7th Ave et 32nd St • plan K3 • 212 465 6741 • www.thegarden.com • EP.*

Gauche **Birdland** Centre **Blue Note** Droite **Iridium Jazz Club**

🔟 Clubs de jazz

Beacon Theatre

1 Beacon Theatre
Les plus grandes stars de la musique (Bob Dylan, Sting et B.B. King) ont défilé au Beacon. Concerts de pop, lightrock, gospel ou musique du monde. ⚭ *Broadway et 74th St • plan G2 • ouv. 1 h avant le spectacle • EP.*

2 Village Vanguard
Depuis 1935, ce club reçoit le gratin du jazz. À ses débuts, les performances étaient plutôt éclectiques. Des chanteurs tels que Harry Belafonte y furent lancés. Depuis les années 1950, il est consacré au jazz. ⚭ *178 7th Ave South • plan M3 • ouv. de 20h à tard • EP.*

3 Birdland
Une autre légende, bien qu'il n'occupe plus les locaux ouverts par Charlie Parker en 1949. Installé près de Times Square, le local est construit sur trois rangées pour assurer une meilleure visibilité. Des *big bands* se produisent le mardi. ⚭ *315 West 44th St, entre 8th et 9th Aves • plan J2 • ouv. lun.-dim. 17h-3h • EP.*

4 Blue Note
Tony Bennett, Natalie Cole et Ray Charles se sont produits dans cette salle de Greenwich Village. On y écoute essentiellement du jazz, mais le blues, la musique latino, le R&B, la soul et les *big bands* y ont aussi droit de cité. ⚭ *131 West 3rd St, entre MacDougal St et 6th Ave • plan N3 • ouv. dim.-jeu. 19h-2h, ven.-sam. 19h-4h • EP.*

5 S.O.B.s
Les initiales signifient Sounds of Brazil, mais on y écoute aussi bien de la musique africaine que du reggae, de la soul et du jazz. La piste de danse est toujours bondée. Soirée salsa le vendredi. ⚭ *204 Varick St et Houston St • plan N3 • horaires variables • EP.*

Jackie McLean at the Vanguard

6 Jazz Standard
Une acoustique idéale pour écouter du jazz traditionnel et d'avant-garde. On recommande le restaurant Blue Smoke. ⚭ *116 East 27th St, entre Park Ave Sth et Lexington Ave • plan L4 • ouv. mar.-dim. 19h-3h (dim. à partir de 18h) • EP.*

7 Iridium Jazz Club
Un décor original, une belle carte des vins, un bon menu et d'excellents groupes de jazz plus ou moins connus. Le guitariste Les Paul joue le lundi et le Mingus Band, le mardi. ⚭ *1650 Broadway et 51st St • plan J3 • ouv. ven.-sam. 19h-2h, dim.-jeu. 17h-minuit • EP.*

➡ *Autres salles de spectacle* **p. 50-51**

Dizzy's Club Coca Cola

8 Les meilleures formations de jazz se succèdent sur la scène de ce fabuleux club qui participe à « Jazz au Lincoln Center ». Le prix d'entrée et les cocktails sont chers, mais les plats d'un bon rapport qualité/prix. ◈ Broadway et 60th St. • plan H2 • concert t.l.j. 19h30, 21h30, 23h30 • couvert et EP.

Knitting Factory

Knitting Factory

9 Ce complexe à plusieurs niveaux comprend 4 bars et 4 scènes qui attirent une foule composite. Les bars servent des bières de petites brasseries. ◈ 74 Leonard St, entre Broadway et Church St • plan P3 • ouv. t.l.j. 18h-4h • EP.

Salle du Bowery

Bowery Ballroom

10 Ouverte en 1998, cette vaste salle a participé au renouveau de Lower East Side. Doté d'une acoustique irréprochable et d'une bonne visibilité, le Bowery Ballroom accueille en général des chanteurs et des groupes de rock plus ou moins connus. ◈ 6 Delancey St, entre Bowery et Chrystie St • plan N4 • horaires variables • EP.

Discothèques

Bar 13

1 Trois étages, une terrasse et des DJ inspirés. ◈ 35 East 13th St • plan M4.

Element

2 Ancienne banque convertie en boîte de nuit ; le bar se trouve dans la chambre forte au sous-sol, les pistes de danse au-dessus. ◈ 225 East Huston St • plan N5.

Lotus

3 Salle de restaurant, bars, lounges et piste de danse. ◈ 409 West 14th St • plan L2.

APT

4 Décor superbe et excellente musique dans ce lieu prisé du quartier dos abattoirs. ◈ 419 West 13th St • plan M2.

Marquee

5 On y rentre plus facilement accompagné d'une célébrité, mais l'ambiance house et hip hop en vaut la peine. ◈ 289 Tenth Ave • plan L2.

Club Shelter

6 Dansez jusqu'à l'aube dans cette institution de SoHo. Bondé le samedi. ◈ 150 Varick St • plan N3.

The Sullivan Room

7 Ambiance intime avec le top de la techno. ◈ 218 Sullivan St • plan N3.

The 40/40 Club

8 L'éclatant club du rappeur Jay-Z mêle bar des sports, boîte R&B, bar à cigares et compte trois sections VIP. ◈ 6 West 25th St • plan L3.

Cielo

9 Une adresse design et très en vogue, qui invite les plus grands DJ. ◈ 18 Little West 12th St • plan M2.

Pacha New York

10 Dance music et déco dans le style urbain en provenance du Superclub d'Ibiza, sur quatre niveaux. ◈ 618 West 46th St • plan J2.

Gauche **Flute** Centre **Pen-Top Bar** Droite **Monkey Bar**

🔟 Bars et lounges

1 King Cole Bar and Lounge

La célèbre fresque du Old King Cole par Maxfield Parrish, de riches panneaux d'acajou et de somptueux fauteuils composent le décor du plus célèbre bar d'hôtel de New York. Les femmes n'y sont admises que depuis 1950. Tout ce luxe et la douce musique du piano créent une ambiance propice aux affaires… ou aux idylles. ✎ *St Regis Hotel, 2 East 55th St, entre 5th et Madison Aves • plan H4 • 212 753 4500.*

King Cole Bar

2 Bar 44 au Royalton

Au cœur de Midtown, le Royalton a lancé en 1988 la mode des lieux chic et branchés avec son design de Philippe Stark. En 2007, après une rénovation de 17,5 millions de dollars, bar, hall et restaurant ont perdu cet intérieur postmoderne. Le confortable Bar 44 conjugue désormais cuivre, acier, bois, velours, daim et fourrure, tandis que la Brasserie 44 est un vaste espace inondé de lumière aux banquettes en tek couvertes de cuir crème. ✎ *Royalton, 44 West 44th St • plan J3 • 212 944 8844.*

3 Monkey Bar

Décor mêlant raffinement et fantaisie – peintures et luminaires en forme de singe et cocktail Purple Monkey. Ce lieu de rendez-vous incontournable sert de la cuisine chinoise avec des touches créatives et attire une foule élégante. ✎ *Hotel Elysée, 60 East 54th St, entre Madison et Park Aves • plan J4 • 212 838 2600.*

4 Flute

Fier de ses 100 références de champagnes, dont beaucoup sont servis au verre, cet ancien bar clandestin conjugue avec beaucoup de succès une opulence raffinée et un menu somptueux, une atmosphère romantique et un service chaleureux. ✎ *205 West 54th St, entre 7th Ave et Broadway • plan H3 • 212 265 5169.*

5 Campbell Apartment

Ce joyau niché dans Grand Central Terminal abritait les bureaux de John W. Campbell, magnat des chemins de fer des années 1920. Murs lambrissés, vitres à tout petits carreaux, plafond magnifiquement peint et balcon en bois sculpté sont inspirés d'un palais florentin. L'endroit est idéal pour déguster un whisky pur malt ou un vin millésimé en fumant un bon cigare. Les hommes d'affaires s'y pressent à la sortie des bureaux. ✎ *West Balcony, Grand Central Terminal, 15 Vanderbilt Ave et 42nd St • plan J4 • 212 953 0409.*

6 Pen-Top Bar and Terrace

Rénové en 2008, ce havre de paix très chic, situé au 23ᵉ étage, offre une vue superbe sur les lumières de la ville. Ce privilège a un prix, justifié selon les inconditionnels. Dîner sur la terrasse surplombant Manhattan est un must en été.
◈ *Peninsula Hotel, 700 5th Ave et 55th St • plan H3 • 212 956 2888.*

7 Plunge

Profitez de la superbe vue sur les toits de New York et sur l'Hudson depuis ce bar branché situé en haut du Gansevoort Hotel, dans le Meatpacking District (ancien quartier des abattoirs). C'est un peu cher mais agréable pour siroter un verre en été. ◈ *Gansevoort Hotel, 18 9th Ave et 13th St • plan M2 • 212 206 6700.*

8 Boathouse Bar

Pour admirer le coucher de soleil et les lumières à l'horizon, la terrasse de ce bar au bord du lac de Central Park est idéale. Un vrai décor de cinéma, très romantique les soirs d'été, lorsque barques et gondoles filent sur l'eau. ◈ *Central Park près d'East 72nd St • plan G2 • 212 517 2233.*

Vue sur le parc de la terrasse du Boathouse

9 Hudson bar

Le prix des consommations de ce bar n'effraie pas les clients branchés attirés par son décor insolite : sol en carreaux de verre éclairés par-dessous, plafond peint à la main et mélange étrange de style Louis XV et d'éléments de *Star Wars*. Pour plus de calme, rendez-vous au Library Bar de l'hôtel. ◈ *Hudson Hotel, 356 West 58th St • plan H2 • 212 247 0769.*

10 Ñ

Dans un coin insolite de SoHo, allez découvrir ce vrai bijou : un bar canaille avec murs à pois, boissons à prix raisonnables et *tapas* à déguster. Vous y trouverez toutes sortes de sherry, de sangria agréablement fruitée et de vins espagnols. Le tout est accompagné de spectacles de flamenco tous les soirs. L'endroit est plutôt exigu et extrêmement fréquenté, alors venez tôt si vous voulez trouver une place assise. ◈ *33 Crosby St, entre Broome et Grand Sts • plan P4 • 212 219 8856.*

Gauche **Don't Tell Mama** Centre **Chicago City Limits Theater** Droite **Stand-up New York**

TOP 10 Cabarets

Café Carlyle
Ce café chic est ce qui se fait de mieux à New York. L'addition est salée, mais méritée. Eartha Kitt est une habituée et Woody Allen vient souvent faire un bœuf le lundi soir. Le Bemelmans Bar accueille des pianistes tels que Barbara Carroll. Les prix y sont plus abordables. ✆ *Carlyle Hotel, 35 East 7th St et Madison Ave • plan G4 • EP.*

Café Pierre
Cadre élégant pour les chanteurs talentueux, qui interprètent des succès de Broadway et de la pop. La cuisine est chère, mais excellente. Tenue correcte exigée le soir. ✆ *Pierre Hotel, 5th Ave et 61st St • plan H3.*

The Oak Room
Installez-vous confortablement pour écouter de grands artistes – parmi lesquels Maureen McGovern ou Julie Wilson – interpréter des classiques américains : Gershwin, Berlin ou Cole Porter. Jetez un coup d'œil à l'Algonquin, hôtel célèbre pour ses rencontres d'écrivains. ✆ *Algonquin Hotel, 59 West 44th St, entre 5th et 6th Aves • plan J3 • EP.*

Don't Tell Mama
Cette drôle de salle du Theater District accueille aussi bien des chanteurs que des humoristes et des magiciens. Ici, pas de grands noms, mais des amateurs et de futures vedettes. Même les serveurs sont parfois du spectacle. ✆ *343 West 46th St, entre 8th et 9th Aves • plan J2 • EP.*

Feinstein's at the Loews Regency
Une adresse très à la mode pour écouter, entre autres, le guitariste John Pizzarelli ou encore Feinstein, chanteur-compositeur déjà nommé aux Grammys et copropriétaire du lieu. ✆ *Loews Regency Hotel, 540 Park Ave et 61st St • plan H4 • EP.*

The Oak Room

Café Sabarsky
Le jeudi soir, ce café viennois situé dans la Neue Galerie devient le superbe cadre de numéros de cabaret contemporains. Lever de rideau à 21 h. Dîner avec menu à prix fixe à 19 h. Vérifiez les dates et réservez vos billets au musée. ✆ *Neue Galerie, 1048 5th Ave et 86th St • plan F3.*

Autres salles de spectacle p. 50-51

7 Joe's Pub
Débutants ou non, des artistes variés se produisent dans cette oasis intimiste attenant au Public Theater d'East Village. Pas de réservation, le premier arrivé est le premier servi. 🕭 *425 Lafayette St, entre East 4th et Astor Place • plan N4 • couvert payant.*

8 The Metropolitan Room
Ouverte en 2006, cette salle chic est prisée pour son ambiance chaleureuse et les artistes qu'elle reçoit, notamment des légendes du jazz comme Annie Ross, Marilyn Maye ou Billy Stritch. 🕭 *34 West 22nd St., entre 5th et 6th Sts • plan L3. • couvert payant.*

The Duplex

9 The Duplex
L'affiche du plus vieux cabaret de la ville est éclectique : premières versions de *Nun Sense* ou de *Mark Twain Tonight*, chanteurs, comédiens, la *drag queen* Lady Bunny ou la troupe Funny Gay Males. Les spectacles assourdissants attirent gays et non-gays. 🕭 *61 Christopher St et 7th Ave South • plan N3 • EP.*

10 Reprise Room at Dillons
L'ambiance chaleureuse évoque celle d'un club des années 1950 et séduit les amoureux du cabaret. Certains soirs, chacun peut proposer son propre mix ou apporter des partitions aux musiciens. 🕭 *Dillons Lounge, 245 West 54th St • plan J2 • EP.*

Cafés-théâtres

1 The Comic Strip Live
Idéal pour découvrir des artistes pleins d'avenir. Eddie Murphy et Jerry Seinfled y sont passés. 🕭 *1568 2nd Ave • plan E4.*

2 Caroline's Comedy Club
Au cœur du Theater District, ce club accueille vedettes et débutants. 🕭 *1626 Broadway • plan J3.*

3 Dangerfield's
L'un des plus anciens et des meilleurs. Son propriétaire, l'humoriste Dangerfield, vient parfois y affûter ses textes. 🕭 *1118 1st Ave • plan G5.*

4 Gotham Comedy Club
Grande salle où se produisent, entre autres, les meilleurs humoristes de la chaîne Comedy Central. 🕭 *34 West 22nd St • plan L3.*

5 Comix
Élégant, ce nouveau venu est apprécié des amateurs de spectacles comiques. 🕭 *117 MacDougal St • plan N3.*

6 Comedy Village
Une autre cave pour profiter de grands noms et de boissons bon marché. 🕭 *82 West 3rd St • plan N3.*

7 Stand-up New York
Un espace intimiste où se produisent artistes débutants ou confirmés. 🕭 *236 West 78th St • plan F2.*

8 NY Comedy Club
Le top des humoristes et couvert bon marché. 🕭 *241 East 24th St • plan L4.*

9 Upright Citizens Brigade Theatre
Un des must du samedi soir. 🕭 *307 West 26th St • plan L2.*

10 Chicago City Limits Theater
Belles improvisations dans cette salle historique. 🕭 *318 West 53rd St • plan H2.*

Gauche **Calèches dans Central Park** Droite **Staten Island Ferry**

TOP10 Moments romantiques

1 Découvrir Central Park en calèche

Le summum du romantisme. Un cocher en costume et haut-de-forme juché sur l'une des calèches alignées le long de Central Park vous aidera à vous installer pour 20 min de visite des hauts lieux du parc (p. 26-27).

2 Dîner au River Café

Manhattan n'est jamais plus étonnant que vu de ce restaurant de Brooklyn situé au bord de l'East River. La cuisine est à la hauteur du décor. Les prix se justifient (p. 157).

River Café, niché sous le Brooklyn Bridge

3 Monter à l'Empire State Building au crépuscule

Des dizaines de films y ont été tournés et on ne compte plus les demandes en mariage prononcées ici. Au crépuscule, on voit le soleil se coucher sur les tours de Manhattan qui s'illuminent (p. 8-9).

4 Prendre un verre au Top of the Tower

La terrasse panoramique au 26e étage d'un immeuble Arts déco offre une vue incomparable sur les lumières de la ville et l'East River. ✆ *Beekman Tower Hotel, 3 Mitchell Place et 1st Ave et 49th St • plan J5.*

5 Faire un tour en gondole sur Central Park Lake

Détendez-vous à bord d'une authentique gondole vénitienne. Laissez-vous glisser sur l'eau, où se reflètent les beautés du parc – que les immeubles cernent telle une couronne. Le gondolier poussera peut-être la chansonnette. ✆ *Loeb Boat House, Central Park et East 74th St • plan G3.*

6 Flâner dans les jardins des Cloisters

Loin du tumulte de la ville, cette dépendance du Met est une oasis de beauté et de sérénité. L'occasion d'envisager l'avenir dans un cadre à la gloire du passé. Plus de 250 variétés de plantes cultivées au Moyen Âge agrémentent ces jardins. Celles du Trie Cloister figurent dans les tapisseries de la Licorne (p. 31).

7 Dîner à One if by Land...
Une adresse très séduisante dans une ancienne auberge du XVIIIe s. de Greenwich Village. 🔗 *17 Barrow St, entre 7th Ave South et West 4th St • plan N3 • www.oneif byland.com • 212 228-0822.*

8 Faire un tour sur le ferry de Staten Island
Du pont supérieur, regardez les gratte-ciel de Manhattan s'éloigner en passant près de Liberty, Ellis et Governors Islands. Au retour, préférez le pont auto pour faire des photos *(p. 155).* 🔗 *Whitehall Terminal, Whitehall et South Sts • plan R4 • départ toutes les 15 min, 24h/24 • gratuit.*

9 Traverser Brooklyn Bridge
Un grand classique que cette promenade sur le pont de Brooklyn, d'où la vue sur les gratte-ciel à travers le réseau de câbles du pont est saisissante. N'oubliez pas votre appareil photo. 🔗 *Prendre le pont derrière le City Hall, Broadway et Park Row • plan Q4.*

10 Assister à un concert à St. Paul's Chapel
Pénétrez dans un monde de grâce et de sérénité en découvrant le plus ancien bâtiment public de New York. Les concerts du lundi à 13 h sont l'occasion de découvrir en musique la beauté des lieux *(p. 80).*

Les « oasis » de la ville

1 Samuel Paley Plaza
Le tumulte de Midtown cesse ici, au bord de la cascade. 🔗 *3 East 53rd St • plan J4.*

2 Greenacre Park
Un mini-parc offert par la fille de John D. Rockefeller Jr. 🔗 *217-221 East 51st St • plan J4.*

3 Bryant Park
Un îlot de verdure aux plantations ordonnées derrière la Public Library. 🔗 *6th Ave, entre 41st et 42nd Sts • plan K3.*

4 Metropolitan Museum Roof Terrace
Pour prendre un verre ou simplement admirer la superbe vue sur Central Park et, au-delà, les gratte-ciel de la ville. 🔗 *5th Ave et 82nd St • ouv. mai-nov. • plan F3.*

5 Conservatory Garden
Trois jardins soigneusement agencés dans Central Park. 🔗 *105th St et 5th Ave • plan D4.*

6 Theodore Roosevelt Park
Un carré d'ombre verdoyant derrière l'American Museum of Natural History. 🔗 *Columbus Ave, 77th et 81st Sts • plan F2.*

7 John Jay Park
Passez l'aire de jeux et asseyez-vous au calme pour profiter de la vue sur l'East River. 🔗 *East 77th St et FDR Drive • plan F5.*

8 Wave Hill
Une ancienne propriété avec jardins et serres. 🔗 *675 West 252nd St, Bronx.*

9 Grace Church
Cette magnifique église de 1846, chef-d'œuvre de Renwick, est un havre de paix au cœur du Village. 🔗 *802 Broadway • plan M4.*

10 St. John the Baptist Church
Pour le sanctuaire et ses jardins ornés de statues et fontaines. 🔗 *210 West 31st St • plan K3.*

Gauche *Drag show* au restaurant **Lucky Cheng** Centre **Christopher Street** Droite **Next**

New York gay et lesbien

1 Stonewall Pub
Ce bar est bien plus tranquille que son voisin le Stonewall Inn, où, le 27 juin 1969, une descente de police dégénéra en émeute. C'est un endroit agréable pour boire un verre ou faire une partie de billard américain. ✆ 53 Christopher St • plan N3.

2 Christopher Street
Entre 6th et 7th Aves, la concentration de bars et de boutiques est importante. C'est l'épicentre du quartier gay de Greenwich Village. La moyenne d'âge a augmenté, car les jeunes sont partis à Chelsea. ✆ Plan N3.

3 Oscar Wilde Bookshop
La plus ancienne librairie gay a ouvert ses portes en 1967, avant même l'apparition du mouvement Gay Rights. Elle a survécu aux vitrines brisées et aux manifestations d'homophobie, et continue à accueillir et à venir en aide aux homosexuels. Publications gratuites sur l'actualité gay, vidéos, disques et cadeaux. ✆ 15 Christopher St • plan N3.

4 Bluestockings Book Store
Du nom d'un groupe féministe du XVIIIe s., ce repaire de Lower East Side est non seulement une véritable caverne d'Ali Baba de la littérature féminine, mais aussi un lieu de vie sociale, avec café, galerie, lectures et événements. Toutes les femmes y sont les bienvenues. ✆ 172 Allen St et Stanton St • plan N5.

5 Lesbian and Gay Community Services Center
Haut lieu de la communauté gay, siège d'organisations, lieu d'affichage et centre social, actif dans l'information, la santé et le soutien affectif, le centre abrite également des archives historiques et une grande bibliothèque. Un pack d'information est disponible pour les touristes. ✆ 208 West 13th St • plan M2 • ouv. t.l.j. 9h-23h.

Magazines *HX* et *Time Out*

6 Publications
Les 2 hebdomadaires *HX* et *Next* recensent l'actualité culturelle. *LGNY (Lesbian and Gay New York)* traite de politique, de santé et d'art. *New York Blade* est un magazine gratuit. *Metro-Source* est, quant à lui, un magazine de mode de vie haut de gamme. *Time Out New York*, hebdomadaire d'actualité culturelle en vente chez tous les marchands de journaux, consacre une place substantielle à l'actualité gay.

7 Soirées clubs

De nombreux clubs organisent des soirées à thème. Le jeudi, rendez-vous au Happy Ending, le samedi au HK, et le dimanche à The Monster. Le Cock et le Splash Bar sont animés toute la semaine. À New York, la hausse des loyers et les plaintes du voisinage forcent souvent les clubs à déménager.
Voir la presse pour plus de détails.

8 Lesbian Herstory Archive

Fondées en 1973, les plus importantes et anciennes archives lesbiennes du monde sont situées à Park Slope, un quartier lesbien branché. Elles regroupent des œuvres d'art, des livres, des photos, des magazines, des vidéos et des films. Sont organisés également des événements pour soutenir les écrivains et les artistes lesbiennes dans les médias. *484 14th St, Brooklyn • métro 15th St, Prospect Park • 718 768-3953 • ouv. sur r.-v.*

9 David Barton Gym

Les « Monsieur Muscle » de Chelsea apprécient ce club dernier cri installé dans le légendaire YMCA sur 23rd St. Outre du yoga, il propose sauna, bains russes, DJ et salon de coiffure. *215 West 23rd St à côté de 7th Ave • plan L3 • ouv. lun.-ven. 5h30-minuit, sam. 8h-21h, dim. 8h-23h • EP.*

10 Shows de drag queens

Avec ses serveurs androgynes et ses spectacles de travestis, Lucky Cheng est le restaurant chinois le plus surprenant de New York. Vous pouvez aussi voir des *drag queens* chanter en play-back au Lips, danser sur les rythmes latinos à La Nueva Escuelita et faire des *shows* osés au Cutting Room.
Voir la presse pour plus de détails.

Lieux de rencontres

1 View Bar

Café le jour, bar la nuit et terrasse très animée en été. *232 8th Ave • plan L2.*

2 Food Bar

Un bar de Chelsea connu pour sa cuisine et sa clientèle musclée. *149 8th Ave • plan M2.*

3 Therapy

Cet élégant salon sur deux niveaux accueille des spectacles de cabaret et des DJ. Bons cocktails. *348 West 52nd St • plan H2.*

4 G

Lounge tendance avec DJ et bar rond en inox. *225 West 19th St • plan L3.*

5 SBNY

On vient ici pour les *go-go guys* sur scène et les vidéos érotiques au-dessus des urinoirs. *50 West 17th St • plan M3.*

6 Phoenix

Lieu prisé d'East Village à l'ambiance désuète et sans prétention. Prix abordables. *447 East 13th St • plan M5.*

7 Cattyshack

Un bar lesbien populaire avec un patio sur le toit. *249 4th Ave, Park Slope, Brooklyn.*

8 Posh Bar

Un bar élégant et décontracté. Les boissons sont à moitié prix de 16h à 20h. *405 West 51st St • plan F2.*

9 Henrietta Hudson

Repaire lesbien chaleureux de Greenwich Village. *438 Hudson St • plan N3.*

10 The Cubby Hole

Dans ce bar lesbien confortable, les habituées chantent avec le juke-box. *281 West 12th St • plan M2.*

Gauche **Easter Parade** Droite **Feast of San Gennaro**

10 Festivals et événements

1 St. Patrick's Parade

Le vert irlandais est de rigueur pour cette grande journée où fanfares, politiciens et belles jeunes filles descendent Fifth Avenue pour proclamer leur amour de l'île d'Émeraude. La fête se prolonge tard dans la nuit. ✪ *5th Ave • 17 mars à 11h • voir l'itinéraire dans la presse.*

2 Easter Parade

Selon une tradition existant de longue date, Fifth Avenue est fermée à la circulation dans Midtown pour laisser la place au défilé des familles new-yorkaises endimanchées. Les femmes arborent généralement de surprenants chapeaux. ✪ *5th Ave • plan H3-J3 • dim. de Pâques à 11h.*

3 9th Avenue Food Festival

La plus grande foire culinaire de New York. Plus d'un million de personnes viennent y déguster des spécialités du monde entier. ✪ *9th Ave, de 37th à 57th Sts • plan H2-K2 • mi-mai.*

4 4th of July Fireworks

Les quais sont fermés à la circulation pour permettre à la foule d'assister à ce formidable spectacle pyrotechnique sur l'East River. Macy's dépense plus d'un million de dollar chaque année pour cet hommage aux couleurs de la nation. ✪ *East River • plan R3 • 4 juil. 21h30.*

Feux d'artifice du 4 Juillet sur East River

5 West Indian Day Carnival

Les Antillais de Brooklyn défilent sur des chars géants, habillés de luxueux costumes à plumes aux couleurs arc-en-ciel, sur des rythmes endiablés. Stands de spécialités antillaises. ✪ *Eastern Parkway, Brooklyn • métro Franklin Ave • Labor Day (1er lun. de sept.).*

Carnaval antillais

6 Feast of San Gennaro

Le saint patron de Naples défile dans les rues de Little Italy, et Mulberry Street s'emplit de musique, au milieu des stands de jeux et des montagnes d'appétissantes spécialités. Ces dix jours de fête sont placés sous le signe des sandwichs à la saucisse et au poivre, mais on y découvre tout l'éventail de la gastronomie italienne. ✪ *Mulberry St • plan P4 • 10 jours à partir de la 3e semaine de sept.*

New York City Marathon

Une marée de 30 000 coureurs suit un parcours de 42 km de Staten Island à Central Park en traversant les 5 *boroughs*. Les New-Yorkais viennent encourager les participants et les ravitailler en eau. ◈ *Pour une vue d'ensemble, r.-v. 1st Ave au-dessus de 59th St • plan H5 • 1er dim. de nov. à 10h45.*

Macy's Thanksgiving Day Parade

Les New-Yorkais descendent dans la rue et le reste de l'Amérique est devant la télévision pour voir le défilé de ballons géants, les orchestres et les luxueux chars transportant des stars de la télévision et du cinéma. Sur son traîneau, le père Noël ferme la marche. ◈ *Central Park West de 77th St et Broadway jusqu'à 34th St • plan G2 • Thanksgiving Day à 9h.*

Christmas Tree Lighting Ceremony

Le plus grand arbre de Noël d'Amérique, décoré de kilomètres de guirlandes lumineuses, domine la patinoire du Rockefeller Center. Les statues d'anges jouant de la trompette des Channel Gardens et les vitrines animées des grands magasins de Fifth Avenue ajoutent à la magie de la fête. ◈ *Rockefeller Center • plan J3 • 1re semaine de déc.*

New Years Eve Ball Drop

La foule se presse des heures à l'avance, prête à applaudir l'immense boule de cristal Waterford, dont la descente, à minuit, marque le début officiel de la nouvelle année. Des bals sont donnés à Grand Central Station ou à l'Empire State Building, et un feu d'artifice est tiré à Central Park à minuit. ◈ *Times Square • plan K3 • 31 déc. minuit.*

Actualité sportive

US Open de tennis

Le dernier grand tournoi de l'année. ◈ *USTA National Tennis Center, Queens • août-sept.*

Baseball : New York Yankees et New York Mets

Les éternels rivaux.... ◈ *Yankee Stadium, Bronx ; Citi Field, Queens • avr.-sept.*

Basketball : New York Knicks

Des matchs au rythme effréné et à guichets fermés. ◈ *Madison Square Garden, 7th Ave • oct.-avr.*

Basketball : New York Liberty

Basket féminin. ◈ *Madison Square Garden, 7th Ave • juin-août.*

Football américain : New York Jets et New York Giants

Les deux équipes jouent dans le New Jersey. Les places sont rares. ◈ *Giants Stadium, New Jersey • sept.-déc.*

Hockey sur glace : New York Rangers

Adresse et rapidité indispensables. ◈ *Madison Square Garden, 7th Ave • sept.-avr.*

Millrose Games

Les coureurs les plus rapides d'Amérique s'affrontent sur cette piste en salle. ◈ *Madison Square Garden • 7th Ave • fév.*

Wood Memorial

Course des prétendants au Kentucky Derby. ◈ *Acqueduct Raceway, Queens • mi-avr.*

Belmont Stakes

La dernière manche de la « triple couronne » hippique. ◈ *Belmont Park, Long Island • 2e sam. de juin.*

Soccer : New York Red Bulls

La popularité croissante du football remplit les stades. ◈ *Giants Stadium, New Jersey • avr.-oct.*

Gauche **Bloomingdale's** Centre **Barney's** Droite **Henri Bendel**

TOP 10 Magasins

Macy's
Que dire du plus grand magasin du monde ? De l'alimentation aux futons, le choix est vaste. Macy's participe également à l'actualité culturelle, de l'exposition florale du printemps à la Tap-O-Mania, où des milliers de danseurs de claquettes convergent vers Herald Square *(p. 119)*.

Bloomingdale's
C'est, après Macy's, le grand magasin le plus connu de New York, réputé pour sa mode masculine et féminine. Les rayons cosmétiques, bijouterie et accessoires du r.-d.-c. sont toujours bondés, mais les étages supérieurs sont plus accessibles.
🕭 *1000 Lexington Ave et 59th St • plan H4.*

Grands magasins de Fifth Avenue
Bergdorf Goodman, Saks Fifth Avenue et Lord and Taylor habillent l'homme, la femme et l'enfant et proposent des accessoires haut de gamme pour la maison. Les vitrines sont un plaisir pour les yeux. 🕭 *Bergdorf Goodman, 754 5th Ave ; Saks 5th Ave, 611 5th Ave ; Lord and Taylor, 424 5th Ave • plan H3-K3.*

Barney's New York
Si vous avez les moyens, c'est ici que vous découvrirez les couturiers qui plaisent à une clientèle jeune, riche et branchée. Deux fois par an, leurs soldes attirent des hordes de clients à la recherche de la bonne affaire.
🕭 *660 Madison Ave et 61st St • plan H4.*

Saks Fifth Avenue

Henri Bendel
Bendel est conçu comme un ensemble de boutiques proposant aux femmes une mode innovante et gaie. Les vendeurs sont particulièrement aimables. Le sac de shopping siglé marron et blanc, désormais décliné en accessoire, est un véritable symbole du chic.
🕭 *712 5th Ave et 55th St • plan H3.*

Takashimaya
Dans un immeuble postmoderne épuré de cinq étages, cette antenne d'un grand magasin japonais vend des vêtements, du linge de maison, des objets d'art et du mobilier, tous d'influence asiatique, chers et d'un excellent design. Rendez-vous au

Autres boutiques de New York p. 165

Tea Box pour les *bento box lunches* et de superbes desserts. ⊗ *693 5th Ave, entre 54th et 55th Sts • plan H3.*

7 H&M
La chaîne suédoise Hennes & Mauritz a rencontré un succès fulgurant lors de l'ouverture de son magasin sur Fifth Ave en 2000. Son secret ? Des modèles jeunes et tendance à des prix imbattables pour hommes, femmes et enfants. Résultat : un look qui dément l'étiquette. ⊗ *640 5th Ave et 51st St ; 34th St et Herald Square ; 558 Broadway • respectivement plan J3, K3 et N4.*

8 Couturiers de Madison Avenue
Le quartier des couturiers se situait sur 57th St, entre Fifth Ave et Madison Ave – où se trouve encore Burberry – jusqu'à ce que des enseignes telles que Nike et Levi's envahissent la place et que les couturiers, de Giorgio Armani à Yves Saint Laurent, déménagent sur Madison Ave, où les boutiques de luxe s'étendent de 59th à 79th Sts. ⊗ *Giorgio Armani, 760 Madison Ave ; Yves Saint Laurent, 855-859 Madison Ave • plan F4-H4.*

9 SoHo
Les 20-30 ans viennent en masse s'habiller dans les boutiques tendance de SoHo, chez Anna Sui, A.P.C., Miu Miu et autres Cynthia Rowley. Elles sont concentrées entre Thompson et Broadway, ou encore entre Prince et Greene Sts. On trouve également tout pour la maison chez Portico ou Armani Casa. ⊗ *Anna Sui, 113 Greene St ; A.P.C., 131 Mercer St ; Miu Miu, 100 Prince St ; Cynthia Rowley, 376 Bleecker St ; Portico, 139 Spring St ; Armani Casa, 97 Greene St • plan N3-N4.*

10 6th Avenue
Entre 18th et 23rd Sts, les immeubles en fonte de l'ancienne « Fashion Row » (« rue de la Mode ») de la fin du XIXe s. sont une autre Mecque du shopping. On y trouve notamment Bed, Bath and Beyond pour les articles de maison, Old Navy pour la mode décontractée, et des magasins de discount tels que TJ Maxx et Filene's Basement. ⊗ *Bed, Bath and Beyond, 620 6th Ave ; Old Navy Clothing Co., 610 6th Ave ; T.J. Maxx, 620 6th Ave ; Filene's Basement, 620 6th Ave • plan L3.*

Gauche **Coney Island** Centre **Carrousel de Central Park** Droite **Children's Museum of Manhattan**

Avec les enfants

1 Central Park
Pléthore d'activités pour les enfants – lectures de contes, manège, vélo, bateau, patin à glace, ateliers nature et promenades guidées. Le Central Park Zoo est passionnant et pas trop grand. Au Children's Zoo, les enfants peuvent caresser et nourrir des animaux de ferme *(p. 26-27)*.

2 Bronx Zoo
Le plus grand zoo urbain d'Amérique recrée des biotopes naturels tels que ceux de l'Himalaya ou des plaines d'Afrique,

**Ours polaire
du Central Park Zoo**

une jungle, la forêt du gorille du Congo, la montagne du tigre, et la nouvelle attraction, Madagascar ! On peut passer d'un enclos à l'autre en navette et en téléphérique *(p. 151)*.

3 Children's Museum of Manhattan
Cinq étages de jeux éducatifs interactifs : *Body Odyssey,* exploration d'un corps géant ; *Inventor Center*, avec scanners et images numériques ; et un studio télé où les enfants réalisent leurs propres émissions. Une aire de jeux est réservée aux moins de 4 ans *(p. 140)*.

4 American Museum of Natural History
Joignez-vous à la foule des parents new-yorkais accompagnant leurs enfants dans la découverte des célèbres dioramas d'animaux sauvages présentés dans leur habitat naturel et de la fascinante exposition sur les dinosaures. Sans oublier le totem et le canoë géant de la salle des Indiens du Nord-Ouest, les énormes météorites et les minéraux. Le Rose Center intéressera les plus grands et les adolescents *(p. 34-37)*.

5 New Victory Theater
Le « New Vic » de 1900 fut le premier grand théâtre new-yorkais consacré aux spectacles familiaux. Troupes de théâtre, de cirque et autres artistes viennent du monde entier divertir le jeune public. Des ateliers familiaux, avec professeurs et acteurs, font découvrir les coulisses du théâtre. ◈ *209 West 42nd St, entre 7th et 8th Aves • plan J3 • ouv. mar.-sam. 12h-19h, dim.-lun. 11h-17h • EP.*

6 FAO Schwarz
Vous serez surpris par ce paradis du jouet, qui vend aussi bien des peluches géantes que les derniers modèles de jeux d'action. Le magasin fut fondé en 1862 par un immigré allemand, Frederick August Otto Schwarz. Il compte désormais plus de 40 antennes dans le pays. Attention, vous aurez du mal à ressortir les mains vides. ◈ *767 5th Ave et 58th St • plan H3.*

7 Coney Island/ New York Aquarium

Bien qu'il ait connu des jours meilleurs au début du XXe s., le parc d'attractions de Coney Island reste réputé pour sa grande roue et ses montagnes russes, ses plages de sable et ses planches de bord de mer. Dans l'excellent aquarium intérieur et extérieur de New York, on peut voir jouer des baleines, des morses et des dauphins, et observer requins, hippocampes et autres créatures marines. Une belle journée en famille *(p. 155)*.

FAO Schwarz

8 Croisière en goélette

Pour un tour en bateau dans le port de Manhattan, montez à bord de la goélette *Pioneer*, qui date de 1885, au départ de South Street Seaport. Vous aurez le choix entre des croisières-déjeuner de 90 min et des mini-croisières de 2 h l'après-midi et le soir. ✆ *South Street Seaport Museum : Pier 16, South Street Seaport* • *plan Q4* • *mai-sept. : jeu.-dim.* • *EP.*

9 The Circus

Chaque année, d'octobre à décembre, Big Apple Circus, le cirque municipal, plante son chapiteau à Damrosch Park, dans Lincoln Center, et donne de charmants spectacles sur une piste unique. En mars et en avril, c'est au tour des Ringling Bros. et du cirque Barnum & Bailey, avec leur traditionnelles trois pistes. ✆ *Big Apple Circus, Lincoln Center Plaza ; Ringling Bros./Barnum & Bailey, Madison Square Garden, 7th Ave et 32nd St* • *plan H2 et K3* • *EP.*

10 Children's Museum of the Arts

Lorsque vos enfants se lassent des visites, emmenez-les à SoHo voir cette série d'expositions interactives. Les moins de 10 ans peuvent créer leurs propres œuvres d'art en peinture, collage, craie ou autres, et dépenser leur énergie dans des aires de jeux. Les moins de 5 ans ont leur propre atelier d'expérimentation, d'exploration et de création artistique. Des œuvres d'enfants du monde entier y sont exposées. ✆ *182 Lafayette St, entre Broome et Grand Sts* • *plan P4* • *ouv. mer.-dim. 12h-17h, jeu. 12h-18h* • *www.cmany.org* • *EP.*

Gauche **Danube** Droite **Nobu**

Restaurants

1 Union Square Café

Le premier restaurant de Danny Meyer est l'un des plus réputés de New York. On l'aime pour ses plats délicieux, servis par un personnel souriant dans un cadre confortable. Le chef, Michael Romano, revisite les classiques américains avec les produits les plus frais de l'Union Square Greenmarket voisin *(p. 115)*.

Union Square Café

2 Gotham Bar and Grill

Un must. Alfred Portale fut l'un des pionniers de la « *vertical food* » – de savoureuses superpositions si délicates que l'on ose à peine y toucher. La haute salle à colonnades est raffinée et accueillante. Le midi, on conseille le menu à 20 $. ☜ *12 East 12th St, entre 5th Ave et University Pl • plan M3 • 212 620 4020 • $$$.*

3 Nobu

Difficile d'obtenir une réservation pour goûter la cuisine de Nobu Matsushisa, née d'une fusion nippo-péruvienne. Dites « *Omakase* » (« À vous de choisir ») et laissez le chef vous composer un menu surprenant. Le décor fantaisiste de David Rockwell enrichit l'expérience. Sans réservation, essayez le Nobu Next Door *(p. 103)*.

4 Jean-Georges

Jean-Georges Vongerichten est une star des fourneaux depuis la création de ses anciens restaurants, Jo Jo et Vong. Ce chef français propose une cuisine parmi les meilleures de New York, avec des sauces délicates et des mariages audacieux. Adam Tihany a créé un décor poli, presque austère, qui ne fait pas d'ombre au chef étoilé *(p. 143)*.

5 Daniel

Autre grande figure de la gastronomie, Daniel Boulud dispose désormais d'une salle de restaurant fleurie – inspirée de la Renaissance vénitienne – à la hauteur de ses talents. Les plats de saison, comme le pigeon rôti à l'ananas épicé ou la morue aux truffes noires en croûte, sont divins. Il vous en coûtera moins cher de venir le midi *(p. 137)*.

6 Danube

Belle alchimie dans le restaurant original de David Bouley, à TriBeCa, qui propose une « nouvelle cuisine autrichienne » légère comme l'air, dans un décor intime et voluptueux style Vieille Europe avec peintures inspirées de Klimt. Tout est si chaleureux qu'il est difficile de quitter le lieu. Les escalopes viennoises et les *spaetzle* ne sont nulle part ailleurs aussi délicieuses *(p. 103)*.

Pour une table dans un restaurant prestigieux de New York, réservez deux mois à l'avance ou venez pour le déjeuner.

Per Se

Réservez deux mois à l'avance pour dîner dans le restaurant de Thomas Keller, l'un des rares à avoir obtenu quatre étoiles au *New York Times*. On y vient aussi bien pour la nourriture que pour les vues éblouissantes de Central Park. Les habitués peuvent même visiter les cuisines *(p. 143)*.

Le Bernardin

Ce restaurant français au luxe discret, connu pour avoir révolutionné l'art d'accommoder le poisson, est un haut lieu de la cuisine de la mer. Le chef, Éric Ripert, fait l'unanimité. La perfection a son prix – élevé –, mais l'instant est mémorable *(p. 143)*.

Gramercy Tavern

Autre réussite de Danny Meyer, ce grand restaurant est le moins prétentieux de New York. La table est remarquable grâce à son chef Michael Anthony. Le Tavern Room est bien moins cher mais ne prend pas de réservations *(p. 115)*.

Four Seasons

Les restaurants ouvrent et ferment, mais cette institution, dont le décor fut conçu par Philip Johnson, semble immuable et compte parmi les meilleures tables de cuisine continentale. Le Grill Room est idéal pour les repas d'affaires, le Pool Room pour les dîners de fête *(p. 129)*.

Tables à petits prix

Lombardi's Pizza

Les meilleures pizzas de la ville. La pâte est fine et cuite au feu de bois *(p. 89)*.

Salaam Bombay

Excellent restaurant indien. Déjeuner et brunch à prix doux. ◎ *319 Greenwich St • plan Q3 • 212 226 9400.*

Caracas Arepa Bar

Une nourriture vénézuélienne goûteuse. ◎ *93 1/2 East 7th St • plan M5 • 212 529 2314.*

Nyonya

Bon snack malais. ◎ *194 Grand St • plan P4 • 212 334 3669.*

Saigon Grill

Une excellente cuisine vietnamienne dans deux restaurants bien situés. ◎ *91-3 University Place • plan P4 • Amsterdam Ave et 90th St, • plan E2.*

Flor de Mayo

Alliage péruvien, cubain et chinois. Spécialité : le poulet rôti à la péruvienne. ◎ *2651 Broadway • plan D2 • 212 595 2525.*

Republic

Des plats de nouilles à profusion et beaucoup de bruit chez cet asiatique. ◎ *37 Union Square West • plan M4 • 212 627 7168.*

Il Bagatto

Un italien d'East Village. On y vient de toute la ville pour la cuisine et les prix. ◎ *192 East 2nd St • plan N5 • 212 228 0977.*

La Bonne Soupe

La meilleure adresse de Midtown pour la soupe à l'oignon, la fondue et autres plats de bistrot *(p. 129)*.

Pomaire

Agréable restaurant chilien. Le meilleur rapport qualité-prix de Theater District. ◎ *371 West 46th St • plan J2 • 212 956 3056.*

Autres restaurants et catégories de prix p. 77, 83, 89, 95, 103, 109, 115, 121, 129, 137, 143, 149 et 157.

VISITER
NEW YORK

NEW YORK TOP 10

Gauche **Federal Reserve Bank** Centre **Federal Hall National Memorial** Droite **Battery Park City**

Lower Manhattan

Le passé et le présent de New York se rejoignent à la pointe de l'île, là où la ville fut fondée par les Hollandais, avant de devenir la première capitale du pays après la guerre d'Indépendance (1775-1783). À l'intersection de Broad Street et de Wall Street se dressent le Federal Hall National Memorial – à l'endroit précis où George Washington prêta serment pour la présidence en 1789 – et le New York Stock Exchange, temple de la finance né en 1817. L'ère du gratte-ciel, au XXe s., transforma la physionomie du quartier. En 2001, la destruction des tours du World Trade Center l'ébranla sans toutefois l'anéantir. Les monuments historiques, les chefs-d'œuvre d'architecture, les sculptures extérieures et les quais sont intacts. Sans oublier les nombreux musées et galeries du quartier.

Esplanade de Battery Park City

Les sites

1. New York Stock Exchange
2. Trinity Church
3. Federal Hall National Memorial
4. US Custom House
5. Battery Park City
6. World Financial Center
7. Museum of Jewish Heritage
8. Federal Reserve Bank
9. Charging Bull
10. Battery Park

1 New York Stock Exchange

L'immeuble actuel a ouvert en 1903. Derrière sa façade néoclassique se cache le cœur financier des États-Unis, qui n'était à l'origine qu'un marché local. Aujourd'hui, plus de 200 millions de titres de plus de 2 000 entreprises y sont échangés certains jours. Toutefois, l'informatisation a freiné l'agitation qui régnait dans la corbeille. Les 17 comptoirs comptent chacun 22 groupes de courtiers s'occupant des titres de 10 sociétés maximum. ◎ *20 Broad St et Wall St • plan R4 • fermé au public • www.nyse.org • EG.*

New York Stock Exchange

2 Trinity Church

Cette magnifique église gothique est la troisième à avoir été construite sur le site de l'une des plus vieilles paroisses anglicanes, fondée en 1697. La sacristie, la chapelle et l'aile Manhattan ont été ajoutées après son achèvement en 1846. Les portes de bronze sont un don à la mémoire de John Jacob Astor III. L'église est réputée pour ses concerts qui ont lieu le lundi, le jeudi et certains dimanches à 13 h. Elle est également chargée de la programmation de St. Paul's Chapel *(p. 80)*. ◎ *Broadway et Wall St • plan Q4 • église : ouv. t.l.j. 7h-18h, cimetière : ouv. t.l.j. 7h-16h, vis. guid. t.l.j. 14h et le dim. après la messe de 11h15 • EG.*

3 Federal Hall National Memorial

Sur les marches, la statue de bronze de George Washington marque l'emplacement d'où le premier président de la nation prononça son serment d'investiture. L'édifice classique achevé en 1842 n'existait pas à l'époque. Avant de devenir un musée en 1955, il abritait l'US Custom House et une succursale de la Federal Reserve Bank. Il accueille des expositions sur la Constitution et la Bill of Rights. Un film vidéo retrace les événements historiques qui s'y déroulèrent. ◎ *26 Wall St et Nassau St • plan R4 • ouv. lun.-ven. 9h-17h • EG.*

Gauche **New York Stock Exchange** Droite **Trinity Church**

U.S. Custom House

Lors de sa rénovation en 1994, la grande rotonde de cet édifice classique fut cernée d'étincelantes galeries. Le bâtiment abrite désormais le George Gustav Haye Center of the Smithsonian National Museum of the American Indian, qui organise des expositions sur les Indiens d'Amérique. Dans la salle d'étude, on peut examiner des paniers d'objets cérémoniels, des jouets et des instruments de musique, et lire les commentaires sur des bornes multimédias *(p. 47)*. ✎ *1 Bowling Green, entre State et Whitehall Sts • plan R4 • ouv. ven.-mer. 10h-17h, jeu. 10h-20h. EG.*

Battery Park City

De prestigieux architectes participèrent à la création de cette enclave commerciale et résidentielle bâtie sur un remblai de 37 ha, créé avec la terre extraite pour la construction du World Trade Center. Depuis l'esplanade, la vue sur la statue de la Liberté est magnifique. Une partie de ce complexe a souffert lors de l'effondrement des Twin Towers, mais l'avenir s'annonce bien. Allez voir les monuments et les statues du parc et le Skyscraper Museum. ✎ *Au départ de West St, de Battery Pl à Chambers St, le long de l'Hudson River • plan Q3-R3.*

Sur les traces de George Washington

Suivez les traces du premier président des États-Unis, de sa statue au Federal Hall National Memorial *(p. 73)*, dressée à l'endroit où il prêta serment lors de son investiture, au banc sur lequel il pria à St. Paul's Chapel *(p. 80)*, en passant par Fraunces Tavern, où il fit ses adieux à ses officiers le 4 décembre 1783.

World Financial Center

Quelques-unes des plus grandes sociétés de la haute finance y ont leur siège. Au cœur de ce complexe, endommagé lors de l'attentat du 11 septembre 2001, se trouve le Winter Garden, qui compte un atrium de 37 m de haut, des palmiers et un escalier en marbre *(p. 45)*. ✎ *Battery Park City et West St • www.worldfinancial center.com • plan Q3 • ouv. t.l.j.*

Museum of Jewish Heritage

Une chronique de l'histoire juive au XXe s. – avant, pendant et après l'Holocauste – illustrée par plus de 2 000 photos, des centaines d'objets et des documentaires d'époque. ✎ *36 Battery Place, Battery Park City • plan R3 • ouv. dim.-mar. et jeu. 10h-17h45, mer. 10h-20h, ven. et veilles de fêtes juives 10h-15h • www.mjhnyc.org • EP.*

Gauche **Intérieur du Federal Hall** Centre **Federal Reserve Bank** Droite **US Custom House**

Charging Bull

Federal Reserve Bank

40 % des réserves mondiales d'or sont entreposés dans les 5 niveaux du sous-sol de cet immeuble. La lettre B dans le sceau de la Federal Reserve est inscrite sur tous les billets émis ici. ⊗ *33 Liberty St, entre William et Nassau Sts • plan Q4 • 212 720 6130 • vis. guid. lun.-ven. 9h30, 10h30, 11h30, 13h30 et 14h30 • EG, réservation obligatoire.*

Charging Bull

Le sculpteur Arturo di Modica installa ce taureau de bronze face à la Bourse de New York, une nuit de décembre 1989. Retiré par la police, l'animal campe « provisoirement » sur Broadway. Il symbolise l'énergie du peuple américain après le krach boursier de 1987. ⊗ *Broadway et Bowling Green Park • plan R4.*

Battery Park

Ce parc sur le port de New York fut aménagé en partie sur des remblais des XVIIIe et XIXe s. On y vient pour visiter le Castle Clinton (1811) ou prendre les ferrys pour Ellis Island et la statue de la Liberté. Un agréable espace vert ponctué de nombreux monuments et statues. ⊗ *Broadway et Battery Pl • plan R3-R4 • ouv. t.l.j. • EG.*

Journée à Lower Manhattan

Le matin

Commencez votre journée par le front de mer à **Battery Park** et jetez un coup d'œil au Castle Clinton *(p. 16)*, où l'on peut voir des dioramas sur l'évolution de New York. Puis visitez le **Museum of the American Indian** dans l'**US Custom House**. Traversez en direction de **Bowling Green**, le premier parc de la ville, tournez à droite dans Whitehall, puis à gauche dans Pearl St, jusqu'à **Fraunces Tavern**, où George Washington prit congé de ses troupes.

Remontez Broad St jusqu'à Wall St et allez observer le **New York Stock Exchange**, près du **Federal Hall** *(p. 73)*, où le premier président américain prêta serment. Le steak est la spécialité du quartier. Arrêtez-vous pour déjeuner au **Bobby Van's Steakhouse** *(p. 77)* sur Broad St et Exchange Place.

L'après-midi

Remontez vers le nord par Nassau St (prolongement de Broad St) pour voir les célèbres sculptures de **Chase Plaza**. Au bout, sur Liberty St, vous trouverez la **Federal Reserve Bank**, puis Louise Nevelson Square, et les *Shadows and Flags* de l'artiste.

Revenez sur Liberty et redescendez vers le sud sur Broadway jusqu'à **Trinity Church** *(p. 73)* et **Charging Bull**. Pour terminer, dînez au restaurant du Ritz-Carlton Battery Park, le **2 West** *(p. 77)*.

Gauche **The Immigrants** Centre **The Four Continents** Droite **Group of Four Trees**

Sculptures extérieures

The Immigrants
L'œuvre de Luis Sanguino (1973) met en scène des personnages illustrant la diversité des nouveaux arrivants au XIXe s. ◈ *Battery Park • plan R3.*

Giovanni da Verrazzano
Cette statue d'Ettore Ximenes (1909) est un hommage des Italiens à leur compatriote, le premier Européen qui entra dans le port de New York en 1524.

The Four Continents
Daniel Chester French illustre la vision américaine du monde au XVIIIe s. – l'Asie méditative et l'Afrique exotique sur les côtés, l'Europe régalienne et l'Amérique dynamique au centre. ◈ *US Custom House, 1 Bowling Green • plan R4.*

Shadows and Flags
Les personnages de Louise Nevelson (1977) animent le terre-plein qu'ils occupent. Le plus grand est ancré dans le sol, les autres sont montés sur pilotis. ◈ *Entre Maiden Lane, William et Liberty Sts • plan Q4.*

Sunken Garden
Une fontaine centrale arrose le sol de ce jardin circulaire. L'œuvre d'Isamu Noguchi (années 1960) suggère des rochers émergeant de la mer. ◈ *Chase Manhattan Bank Pl, entre Nassau et Liberty Sts • plan R4.*

Group of Four Trees
Les « champignons » de Jean Dubuffet (1972) dominent le va-et-vient des passants de ce quartier très affairé. ◈ *1 Chase Manhattan Pl, entre Nassau et Liberty Sts • plan R4.*

George Washington
Un George Washington de bronze (1883), dressé sur son piédestal en granit massif, vient de prêter serment sur la Bible. ◈ *Federal Hall National Memorial, 26 Wall St • plan R4.*

Red Cube
Ce cube de métal rouge de 9 m de haut d'Isamu Noguchi (1967) repose en équilibre sur un de ses angles. ◈ *Marine Midland Plaza, 140 Broadway • plan Q4.*

Double Check
L'attaché-case de cette statue de J. Seward Johnson Jr. (1982) contient une agrafeuse, une calculatrice et, parfois, un sandwich offert par un passant. ◈ *Liberty Pl, entre Broadway et Church St • plan Q4.*

Sculpture de Yu Yu Yang
Cette sculpture sans titre de l'artiste Yu Yu Yang forme des motifs surprenants avec un bloc d'acier en L percé par un disque. ◈ *Orient Overseas Building, 88 Pine St • plan R4.*

Catégories de prix
Pour un repas avec entrée, plat, dessert et un verre de vin, taxes et service compris.
$ moins de 25 $
$$ de 25 $ à 50 $
**$$$** de 50$ à 80 $
$$$$ plus de 80 $

Gauche **Roy's New York** Droite **Bobby Van's Steakhouse**

Restaurants

Battery Gardens
Le menu de ce restaurant marie les saveurs d'Asie et d'Italie. Le lieu bénéficie d'une vue panoramique du port.
⊗ *Battery Park, en face du 17 State St • plan R4 • 212 809 5508 • $$.*

Gigino's at Wagner Park
Une excellente cuisine napolitaine. La salle raffinée et la terrasse en bord de mer offrent une vue éblouissante.
⊗ *20 Battery Pl • plan R3 • 212 528 2228 • $$$.*

Smorgas Chef
Les boulettes de viande suédoises sont délicieuses, et on y sert également des plats diététiques. Service charmant.
⊗ *53 Stone St William St • plan R4 • 212 422 3500 • $$$*

Bobby Van's Steakhouse
Steaks excellents, vue sur la Bourse, le tout dans la salle claire d'un immeuble Beaux-Arts (1898). ⊗ *25 Broad St et Exchange Pl • plan R4 • 212 344 8463 • $$$.*

Fraunces Tavern
Ce restaurant occupe le rez-de-chaussée de la taverne où George Washington offrit un dîner d'adieu à ses troupes après le départ des Anglais, en 1783 ⊗ *54 Pearl St et Broad St • plan R4 • 212 968 1776 • $$.*

Harry's Steak Café
Situé à l'entresol de la célèbre India House, ce *steakhouse* est très couru par les *golden boys* de Wall Street. ⊗ *1 Hanover Square, entre Pearl et Stone Sts • plan R4 • 212 785 9200 • $$–$$$$.*

Roy's New York
Le chef hawaïen Roy Yamaguchi propose des sushis et des plats des îles. ⊗ *New York Marriott Financial Center, 130 Whashington St • plan R3 • 212 266 6262 • $$$.*

Les Halles
Ce bistrot parisien au cœur du Financial District est une branche du restaurant du même nom sur Park Avenue, rendu célèbre par le chef Anthony Bourdain. ⊗ *15 John St entre Broadway et Nassau St • plan Q4 • 212 285 8585 • $$.*

Joseph's
Lorsque les *golden boys* veulent manger italien, ils vont chez Joseph's. *Linguine* aux palourdes et calamars frits. ⊗ *3 Hanover Sq • plan R4 • 212 747 1300 • $$$.*

2 West
Ce steakhouse s'inspire de la gastronomie française. Situé dans le Ritz Carlton, il donne sur l'Hudson et Battery Park.
⊗ *2 West St, à Battery Park • plan R3 • 917 790 2525 • $$$.*

Remarque : sauf indication contraire, tous les restaurants acceptent les cartes de paiement et proposent des plats végétariens.

Gauche **Surrogate's Court** Centre **Détail de relief, AT&T Building** Droite **Police Plaza**

Civic Center et South Street Seaport

Certains des plus beaux bâtiments new-yorkais se trouvent dans Civic Center, où se concentrent les sièges de l'administration municipale. Les édifices, de St. Paul's Chapel (XVIIIᵉ s.) au Woolworth Building (XXᵉ s.), témoignent de l'histoire de la ville. Non loin, le Brooklyn Bridge et South Street Seaport, ancien centre portuaire dont les môles et les bâtiments restaurés abritent désormais cafés, restaurants et musées.

TOP 10 Les sites

1. South Street Seaport
2. Brooklyn Bridge
3. Woolworth Building
4. AT&T Building
5. St. Paul's Chapel
6. City Hall
7. Municipal Building
8. New York County Courthouse
9. Surrogate's Court/ Hall of Records
10. Police Plaza

Woolworth Building

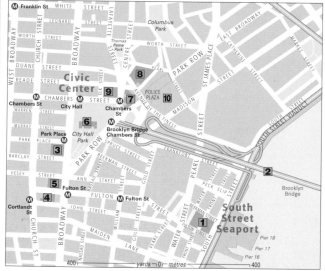

South Street Seaport

Les rues pavées, les bâtiments et les môles de l'ancien centre portuaire de New York ont été restaurés. Le quartier abrite désormais des boutiques, des restaurants et un musée accueillant de nombreuses expositions sur la vie de marin, une flotte de vieux gréements et toutes sortes d'activités de plein air. ◈ *Museum 207 Front St • plan Q4 • ouv. avr.-oct. : lun.-sam. 10h-21h, dim. 11h-20 ; nov.-mars : lun.-sam. 10h-19h, dim. 11h-18h • www.southstseaport.org • EP.*

Brooklyn Bridge

Lors de son achèvement en 1883, le pont reliant Manhattan et Brooklyn – un des symboles de la ville – était le plus grand pont suspendu du monde et le premier en acier. Sa construction mobilisa 600 ouvriers pendant 16 ans et fit 20 victimes, dont l'ingénieur d'études, John A. Roebling. En le traversant à pied (1,8 km), on a une vue fabuleuse sur les gratte-ciel à travers l'enchevêtrement des câbles d'acier. ◈ *(Côté Manhattan) Park Row près du Municipal Building • plan Q4 • EG.*

Woolworth Building

L'un des plus somptueux intérieurs new-yorkais : murs de marbre, filigrane de bronze, plafond en mosaïque et vitraux se marient pour créer un effet magique. L'architecte Cass Gilbert ne manquait pas d'humour : l'une des sculptures représente le nabab Woolworth, comptant ses *nickels,* et Gilbert lui-même, portant une maquette de l'immeuble. Construit en 1913, ce building instaura les normes de construction des gratte-ciel des années 1920 et 1930 *(p. 44).* ◈ *Broadway, entre Park Pl et Barclay St • plan Q4 • EG.*

AT&T Building

Construit en 1922, c'est le monument de l'excès. La façade compterait plus de colonnes que tout autre édifice au monde et le vaste hall abrite une véritable forêt de piliers de marbre. Non loin de là, au 120 Broadway, l'ancien Equitable Building de 1915 est tout aussi excessif : sa masse énorme est à l'origine de la première réglementation nationale sur la hauteur des gratte-ciel. ◈ *195 Broadway • plan Q4 • horaires de bureau • EG.*

Gauche **Brooklyn Bridge** Droite **Caricature de l'architecte Cass Gilbert, Woolworth Building**

5 St. Paul's Chapel

La plus ancienne église de Manhattan (1766) devait faire office de chapelle « uptown » de Trinity Church, puis elle prit de l'importance lors de la reconstruction de cette dernière, après le grand incendie de 1776. Située tout près de Ground Zero, elle abrite une exposition interactive sur le 11 Septembre.

🚇 209 Broadway, entre Fulton et Vesey Sts • plan Q4 • messe dim. 8h et 10h, mer. 12h30 • www.saintpaulschapel.org • concerts lun. 13h, dons de 2 $.

6 City Hall

Œuvre du Français Joseph Mangin et de l'Américain John McComb Jr., City Hall (le siège de l'administration municipale depuis 1812) est l'un des plus beaux bâtiments publics américains du début du XIXe s. Une statue de la Justice couronne l'édifice. L'arrière du bâtiment, au nord, ne fut habillé de marbre qu'en 1954, les architectes n'ayant pas prévu à l'époque que la ville se développerait vers le nord.

🚇 Broadway et Park Row • plan Q4 • visite sur demande seul. • EG.

City Hall

Le tribunal de « Boss Tweed »

La première New York County Courthouse du 52 Chambers St (achevée en 1881) fut construite par Boss Tweed (p. 48), politicien corrompu qui dépensa des fortunes dans ce somptueux monument de marbre. L'intérieur raffiné et la rotonde octogonale sont en cours de restauration. Leur destination est encore incertaine.

7 Municipal Building

Avec ses 25 étages achevés en 1914, ce bâtiment dominant le quartier de Civic Center fut le premier « gratte-ciel » de McKim, Mead and White. Son sommet est une véritable pièce montée de tours et de flèches au faîte de laquelle se dresse Civic Fame, une statue d'Adolph Wienman. La voûte en terre cuite qui traverse la rue reproduit l'entrée du palais Farnèse à Rome, et le parvis à arcades, qui marque l'entrée de métro à l'extrémité sud, est une voûte spectaculaire de céramiques de Guastavino. 🚇 1 Center et Chambers Sts • plan Q4.

Gauche **Intérieur de St. Paul's Chapel** Droite **Municipal Building**

8 New York County Courthouse

Gravissez le large escalier de la cour de justice du comté (attenante aux 31 étages de l'US Courthouse, au toit pyramidal, datant de 1933) et entrez admirer la rotonde, les colonnes de marbre et les lustres Tiffany. Les peintures du plafond représentent la Loi et la Justice. Chacune des six ailes de cet édifice hexagonal abrite une salle de tribunal. ✆ *60 Center St • plan P4 • ouv. lun.-ven. 9h-17h • EG.*

9 Surrogate's Court/ Hall of Records

Inspiré de celui de l'opéra Garnier à Paris, l'intérieur est l'une des splendeurs de cet édifice Beaux-Arts (1907). Dans le somptueux hall central, les escaliers sont en marbre et le plafond en mosaïque. Sur la façade, des statues représentent la Justice, les Saisons, le Commerce et d'illustres New-Yorkais, ainsi que les différentes étapes de la vie. ✆ *31 Chambers St • plan Q4 • hall : ouv. lun.-ven. 9h-17h • EG.*

10 Police Plaza

Construit en 1973, le quartier général de la police municipale se dresse sur une vaste place piétonne, bienvenue dans un quartier où les espaces publics sont rares. *Five in One,* sculpture abstraite de 75 t de Tony Rosenthal – faite de 5 disques inclinés et imbriqués –, y symbolise les 5 *boroughs* de la ville. ✆ *Park Row et Pearl St • plan Q4.*

Journée au Civic Center et à South Street Seaport

Le matin

🕐 La plupart des lignes de métro mènent au **City Hall**. Descendez Broadway pour voir les halls du **Woolworth** *(p. 79)* et de l'ancien **AT&T Building** *(p. 79)*, et l'intérieur géorgien de **St. Paul's Chapel**.

Prenez ensuite Park Row, jadis surnommée « Newspaper Row » car les journaux y avaient leur siège. Sur Printing House Sq se dresse la statue de Benjamin Franklin tenant à la main sa *Pennsylvania Gazette*. À l'ouest se trouve le ravissant City Hall Park, où on a lu la déclaration d'Indépendance aux troupes de Washington en juillet 1776. Dans ce parc, une roue du temps en granit retrace l'histoire de la ville.

En longeant Center et Chambers Sts, vous passerez devant le magnifique **Municipal Building**.

L'après-midi

🍴 À midi, prenez vers l'est et déjeunez de fruits de mer au **Bridge Café** *(p. 83)*, l'intérieur d'un immeuble en bois de 1794. De là, marchez jusqu'à l'East River, d'où la vue sur le sud de Manhattan est superbe.

Passez l'après-midi à **South Street Seaport** *(p. 79)* pour visiter le musée et le Maritime Crafts Center et faire une croisière sur l'un des navires qui attendent à quai. Dînez sur le Pier 17 : spécialités antillaises et ambiance animée au **Cabana** *(p. 83)*, ou nouvelle cuisine américaine au **Harbour Lights** *(p. 83)*.

Gauche **Schermerhorn Row** Centre **South Street Seaport Museum** Droite **Pier 17**

🔟 Sites au bord de l'eau

1 South Street Seaport Museum
Célébration de l'héritage maritime de la ville à travers des œuvres d'art, des photographies, des ateliers et des navires.
🔊 *12 Fulton St • plan Q4 • ouv. avr.-oct. : mar.-dim. 10h-18h ; nov.-mars : ven.-lun. 10h-17h • EP.*

2 Schermerhorn Row
Les ancien entrepôts construits par Peter Schermerhorn en 1811-1812 abritent désormais des restaurants et des boutiques.
🔊 *Fulton St, entre Front et South Sts • plan Q4 • EG.*

3 Vieux gréements
Sept navires, dont plusieurs accessibles, notamment le *Wavertree*, de 1885, et le *Peking*, quatre-mâts de 1911.
🔊 *Piers 15 et 16, South Street Seaport • plan Q4 • ouv. t.l.j. 10h-18h • EP.*

4 Bowne & Company
Reconstitution d'une imprimerie du XIXe s. avec des presses en action. 🔊 *211 Water St • plan Q4 • ouv. mer.-ven. 10h-17h • EG.*

5 Maritime Crafts Center
Admirez le savoir-faire des sculpteurs sur bois qui créent devant vous des maquettes de bateaux et des figures de proue.
🔊 *Pier 15, South Street Seaport • plan Q4 • ouv. t.l.j. 10h-18h • EG.*

6 Pilot House
Le centre d'information et la billetterie de South Street Seaport se trouvent dans l'ancienne timonerie d'un remorqueur construit en 1923.
🔊 *South Street Seaport • plan Q4 • ouv. t.l.j. 10h-18h.*

7 Pier 17
Trois étages de restaurants et de boutiques. Magnifique vue sur l'East River et le Brooklyn Bridge.
🔊 *South Street Seaport • plan Q5.*

8 Mini-croisières
Le *Pioneer*, goélette de 1885, propose des mini-croisières familiales dans le port l'après-midi et le soir. 🔊 *Pier 16, South Street Seaport • plan Q4 • EP.*

9 Titanic Memorial
Ce phare commémore le naufrage du *Titanic*, survenu en 1912. 🔊 *Fulton St et Water St • plan Q4.*

10 Seaman's Church Institute
Cette organisation créée en 1834 est désormais installée dans un étonnant immeuble de 1991, avec galerie et vue sur la mer. 🔊 *241 Water St, entre Beekman St et Peck Slip • plan Q4 • EG.*

Autres monuments historiques de New York p. 46-47

Gauche **Bridge Café** Droite **Little Italy Pizza**

🏆10 Restaurants

1 Bridge Café
Situé dans un immeuble pittoresque, ce restaurant, ouvert en 1791, est l'un des plus anciens de la ville. Nappes à carreaux et cuisine américaine très raffinée. ✆ *279 Water St et Dover St • plan Q4 • 212 227 3344 • $$.*

2 Harbour Lights
La vue incomparable sur le port et le pont attire les foules. Cuisine de la mer moyenne. L'aloyau constitue une bonne alternative au poisson.
✆ *Pier 17, 3e ét., South Street Seaport • plan Q5 • 212 227 2800 • $$$.*

3 Sequoia
Décor nautique, menu de fruits de mer et splendide vue sur le port pour cet excellent restaurant américain, très décontracté. ✆ *Pier 17, South Street Seaport • plan Q5 • 212 732 9090 • $$.*

4 Aqua
On s'y régale de mets italiens aux influences américaines, à base d'ingrédients bio. Les plafonds voûtés et la lumière chaleureuse créent une ambiance agréable. ✆ *21-23 Peck Slip • plan Q4 • 212 349 4433 • $$.*

5 Cabana at the Seaport
Une saveur latine anime ce haut lieu de Seaport. Pichets de sangria et menu cubain/antillais. ✆ *Pier 17, 3e ét., South Street Seaport • plan Q5 • 212 406 1155 • $$.*

6 Heartland Brewery
La sélection saisonnière de bières produites par sa propre brasserie est son principal atout. Bon menu de fruits de mer. ✆ *93 South St • plan Q4 • 646 572 2337 • $.*

7 Cosi Sandwich Bar
Les *cosi* sortent du four et sont garnis selon votre goût : jambon, poulet, poivrons grillés, oignons, etc. ✆ *54 Pine St et William St • plan Q4 • 212 809 2674 • $.*

8 Il Porto
Malgré des avis divergents, une adresse pratique près de South Street Seaport. Points forts : les pizzas et les pâtes, ainsi que le menu varié du brunch du dimanche. ✆ *11 Fulton St, entre Front et South Sts • plan Q4 • 212 791 2181 • $$.*

9 Red
Cadres de Wall St et touristes se retrouvent autour des célèbres margaritas à l'orange sanguine de ce restaurant tex-mex très joyeux. ✆ *19 Fulton St, entre Front et Water Sts • plan Q4 • 212 571 5900 • $.*

10 Pacific Grill
On y sert essentiellement des spécialités de fruits de mer de toute l'Asie, comme la tempura ou les crevettes à la noix de coco. Les tables en terrasse donnant sur le port offrent de belles vues sur le Brooklyn Bridge. ✆ *Pier 17, South Street Seaport • plan Q5 • 212 964 0707 • $$.*

➤ **Remarque :** sauf indication contraire, tous les restaurants acceptent les cartes de paiement et proposent des plats végétariens.

Gauche **Police Headquarters Building** Centre **Church of the Transfiguration** Droite **Épicerie**

Chinatown et Little Italy

Ces deux enclaves communautaires sont parmi les quartiers les plus pittoresques de la ville. Elles furent créées par les premiers immigrants, soucieux de préserver leurs modes de vie au sein de leur nouvelle patrie. Little Italy ne compte plus que quelques blocks, mais on y trouve toujours d'authentiques restaurants et magasins italiens. Il y règne une atmosphère particulière, surtout les soirs d'été, lorsque les cafés sortent les tables sur le trottoir et que l'air s'emplit de chants napolitains. Chinatown, en revanche, ne cesse de s'étendre. Plus de 200 000 Chinois y vivent dans des logements surpeuplés. Les échoppes et les marchés regorgent de produits et d'herbes exotiques, ainsi que de cadeaux – des gratte-dos aux antiquités. Le quartier compterait quelque 200 restaurants.

Rue à Chinatown

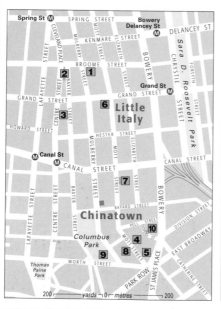

Les sites

1. Mulberry Street
2. Police Headquarters Building
3. Museum of Chinese in America
4. Good Fortune Gifts
5. Mott Street
6. Pearl River Chinese Products Emporium
7. Eastern States Buddhist Temple
8. Church of the Transfiguration
9. Columbus Park
10. Bloody Angle

Il Palazzo, Little Italy *(p. 89)*

Mulberry Street

De nombreuses boutiques sont installées sur Mulberry St, entre Houston et Spring Sts. Chinatown empiète sur Little Italy, mais la rue reste 100 % italienne entre Broome et Canal Sts. On ne compte plus les restaurants, les cafés aux appétissantes pâtisseries et les magasins d'ustensiles de cuisine et de figurines pieuses. Tous les ans, en septembre, la fête de San Gennaro attire les foules *(p. 62)*. ⊗ *Mulberry St, entre Broome et Canal Sts • plan P4.*

Police Headquarters Building

Après la fusion des *boroughs* en un grand New York en 1898, les services de police de la ville se développèrent rapidement. Leur siège fut installé en 1905 près de Little Italy, dans cet édifice baroque monumental à colonnes, doté d'un dôme décoré et suffisamment haut pour être vu du City Hall.

L'immeuble occupe tout un *block*. Désaffecté pendant plus de dix ans après le départ du NYPD, il a depuis été transformé en immeuble d'habitation de luxe. ⊗ *240 Centre St • plan P4 • fermé au public.*

Museum of Chinese in America

Ce fascinant musée propose une exposition intitulée « Where is Home ? », composée de photographies et de poèmes recueillis auprès de la communauté chinoise. Parmi les sujets explorés, citons le rôle des femmes, la religion et la « *bachelor's society* ». Les expositions temporaires se consacrent aussi bien à l'art qu'aux homosexuels chinois. Livres, guides du quartier et prospectus sur les événements culturels. ⊗ *211-215 Centre St • plan P4 • ouv. mar.-jeu. et sam.-dim. 12h-18h, ven. 12h-19h • www.mocanyc. org • EP, ven. EG.*

Good Fortune Gifts

Baptisé Quong Yeun Shing & Company lors de sa création en 1891, c'est le magasin le plus vieux de Chinatown. Les immigrants chinois y travaillaient pour pouvoir envoyer de l'argent à leurs familles, interdites de séjour aux États-Unis par les anciennes lois relatives à l'immigration. ⊗ *32 Mott St • plan P4.*

Gauche **Police Headquarters Building, détail** Droite **Museum of Chinese in America**

Mott Street

Dans cette rue, des boutiques proposent un choix impressionnant de produits orientaux. Iki Iki Gift Shop est le paradis des fans de Yu-Gi-Oh ! et d'Hello Kitty. De beaux vases montés en pieds de lampe sont la spécialité de Pearl of the Orient Gallery. New Age Designer confectionne des vêtements en soie sur commande. Les vrais collectionneurs se rendront à la Sinotique Gallery. ✆ *Iki Iki Gift Shop : 2 Mott St • Pearl of the Orient Gallery : 36 Mott St • New Age Designer : 38 Mott St • Sinotique Gallery : 19A Mott St • plan P4.*

Pearl River Chinese Products Emporium

Les deux adresses du plus grand supermarché de Chinatown proposent un assortiment fascinant de marchandises : instruments de musique, lanternes en papier, cerfs-volants, herbes séchées, tops en soie brodée, robes et pyjamas à col Mao, porte-monnaie, oreillers et savons au bois de santal et au jasmin. ✆ *477 Broadway, et 200 Grand St • plan P4.*

Eastern States Buddhist Temple

Un temple où brûle de l'encens, où s'entassent les offrandes de fruits frais et où plus de 100 bouddhas dorés brillent

---

Les débuts de Chinatown

Le Chinese Exclusion Act de 1882 interdisait aux travailleurs chinois de faire venir leur famille à New York. Chinatown, délimité par Pell, Doyers et Mott Sts, était donc à ses débuts peuplé d'une communauté masculine dominée par les *tongs*, clubs associatifs mais aussi confréries criminelles rivales, qui lui valurent sa réputation de quartier dangereux.

à la lueur des bougies. Affluence touristique oblige, vous pourrez y connaître votre avenir pour 1 $. ✆ *64B Mott St • plan P4 • ouv. t.l.j. 9h-18h • EG.*

Church of the Transfiguration

Construit par l'Église luthérienne anglaise, puis vendu à l'Église catholique romaine en 1853, cet édifice en pierre de style géorgien, doté de fenêtres gothiques, rappelle l'influence des vagues successives d'immigration à New York : d'abord irlandaise, puis italienne et enfin chinoise. Les nouveaux arrivants peuvent trouver une aide et suivre des cours auprès de ce point de ralliement de la communauté chinoise catholique. Messe en cantonais et en mandarin. ✆ *29 Mott St • plan P4 • ouv. t.l.j. 7h30-9h et 11h30-13h, sam. 17h30-19h, dim. 8h-14h • EG.*

Gauche **Pearl River Chinese Products Emporium** Droite **Eastern States Buddhist Temple**

Bloody Angle, Chinatown

Columbus Park
L'unique parc de Chinatown fut créé à la fin des années 1890, à l'emplacement du pire bidonville de la ville, suite à la campagne menée par le reporter Jacob Riis – il y avait alors recensé au moins un assassinat par semaine – et d'autres réformateurs sociaux. Le béton prime sur la végétation, mais le parc attire beaucoup de monde : enfants, joueurs de mah-jong et amateurs de tai-chi ou d'arts martiaux. Le week-end, des diseurs de bonne aventure s'y installent. ⊗ *Bayard et Mulberry Sts • plan P4.*

Bloody Angle
Un journal surnomma ainsi ce virage de Doyers St, où furent dressées tant d'embuscades durant la guerre des gangs qui ravageait le quartier dans les années 1920. À cette époque, les *tongs* (gangs) Hip Sing et On Leong luttaient pour le contrôle du trafic d'opium et des jeux d'argent à Chinatown. La guerre des *tongs* se poursuivit jusqu'aux années 1940, et des rivalités perdurent entre les gangs de jeunes d'aujourd'hui. ⊗ *Doyers St, près de Pell St • plan P4.*

Journée à Chinatown et Little Italy

Le matin

🕐 Prenez la ligne de métro n° 6 jusqu'à Spring St, traversez Lafayette, prenez Mulberry St *(p. 85)* et promenez-vous dans Little Italy. Ne manquez pas les antiques commerces de Grand St – notamment le fromager Alleva Dairy (188 Mulberry et Grand St) et Piemonte Co. (190 Grand St) pour ses deux douzaines de variétés de pâtes différentes. Au 206 Grand St, DiPalo Dairy prépare devant vous de la mozzarella fraîche. Faites une pause dans un café italien : Caffè Roma (385 Broome St), ou Ferrara's (195-201 Grand St).

Prenez Grand St West jusqu'à Centre St, tournez à gauche et visitez le **Museum of Chinese in America** *(p. 85)*. Revenez d'un *block* vers l'est jusqu'à Mott St, au cœur de Chinatown. Déjeunez de *dim sum* chez Jing Fong ou au Golden Unicorn *(p. 89)*.

L'après-midi

Restez sur Mott St et flânez dans les nombreuses boutiques, épiceries exotiques, marchés et galeries de la rue. Arrêtez-vous au Teariffic (51 Mott St) pour apprécier l'une des dernières marottes venues de Taiwan : de grands verres de thé parfumé servi avec des « perles » de tapioca au fond.

Terminez l'après-midi en rendant une visite aux bouddhas dorés de l'Eastern States Buddhist Temple et laissez-vous dire la bonne aventure.

Gauche **Marché** Centre **Ten Ren Tea & Ginseng Company** Droite **Chinatown Ice Cream Factory**

🔟 Épiceries de Chinatown

1 Marchés
Canal St et Hester St sont deux des nombreuses rues encombrées d'étals proposant toutes sortes de légumes, fruits et produits chinois. ✪ *Chinatown • plan P4.*

2 Mark's Wine & Spirits
On peut y acheter de l'alcool chinois authentique tel que le *mei kuei lu chiew* au parfum d'eau de rose, et le vin Shaohsing. ✪ *53 Mott St et Bavard St • plan P4.*

3 Kamwo Herb and Tea
L'une des échoppes les plus connues pour les herbes chinoises supposées tout guérir, de l'arthrite à l'impuissance. ✪ *209-211 Grand St • plan P4.*

4 Fay Da Bakery
Goûtez un délicieux *soft bun* fourré au rôti de porc ou de bœuf pour moins de 1 $, puis terminez par un cookie aux amandes, un gâteau aux haricots rouges, un flan ou autre *cream bun*. ✪ *83 Mott St et Canal St • plan P4.*

5 Ten Ren Tea & Giseng Company
Toutes sortes de boîtes dorées renferment de nombreuses variétés de thés chinois. Des vendeurs bien informés vous expliqueront les propriétés et la préparation de chacun. ✪ *75 Mott St • plan P4.*

6 Kam Man Food Products
L'un des plus grands super-marchés de Chinatown : boissons gazeuses, thés, confitures, ginseng, légumes de toutes les formes et des rangées de flacons de sauces. ✪ *200 Canal St • plan P4.*

7 Dynasty Supermarket
Ce marché moderne et calme contraste nettement avec l'agitation des rues alentour. Ici, tous les légumes étranges que vous avez vus ailleurs sont soigneusement étiquetés. ✪ *68 Elizabeth St • plan P4.*

8 Deluxe Food Market
Les Chinois viennent ici pour les plats préparés, les viandes (marinées notamment) et les poissons. ✪ *79 Elizabeth St • plan P4.*

9 May May Gourmet Chinese Bakery
Dans l'une des rues du vieux Chinatown, cette boutique moderne et gaie est connue pour ses *dim sum* à consommer sur place ou à emporter. ✪ *35 Pell St • plan P4.*

10 Chinatown Ice Cream Factory
Gingembre, lychee, citrouille, mangue et haricot rouge : quelques-uns des étonnants parfums de ce glacier, très prisé par une clientèle très jeune. ✪ *65 Bayard St et Mott St • plan P4.*

➜ *Autres boutiques de New York p. 165*

Gauche **Great N.Y. Noodletown** Droite **Golden Unicorn**

Catégories de prix

Pour un repas avec entrée, plat, dessert et un verre de vin, taxes et service compris.

$	moins de 25 $
$$	de 25 $ à 50 $
$$$	de 50 $ à 80 $
$$$$	plus de 80 $

🔟 Restaurants

1 Great N.Y. Noodle town
Le décor est simple, tout comme le menu. Soupes, nouilles et plats de viande sont parfaits, les fruits de mer sont préparés avec originalité. ◉ *28 1/2 Bowery St et Bayard St • plan P4 • 212 349 0923 • pas de cartes de paiement • $.*

2 Joe's Shanghai
Réputée pour ses soupes. Goûtez les *steamed buns* (petits pains à la vapeur). ◉ *9 Pell St et Bowery St • plan P4 • 212 233 8888 • pas de cartes de paiement • $$.*

3 Grand Sichuan
Toutes les saveurs épicées de la province chinoise de Sichuan. ◉ *125 Canal St et Broadway • plan P4 • 212 625 9212 • pas de cartes de paiement • $$.*

4 Fuleen Seafood
Restaurant chinois apprécié pour ses fruits de mer frais bien préparés et ses prix très raisonnables. Crabe dormeur et gambas sautées savoureux, menu à prix fixe imbattable. ◉ *11 Division St, derrière Bowery • plan P4 • 212 941 688 • $.*

5 Golden Unicorn
Les *dim sum* y sont les vedettes, mais tout est bon dans ce restaurant très animé. Allez-y à plusieurs pour goûter plus de plats. ◉ *18 East Broadway et Catherine St • plan P4 • 212 941 0911 • $.*

6 Jing Fong
Le week-end, le vaste choix de *dim sum* servis dans cette salle étincelante attire les foules. Choisissez simplement vos plats sur les chariots roulants. ◉ *20 Elizabeth St, entre Bayard St et Canal St • plan P4 • 212 964 5256 • $$.*

7 New Green Bo
Cet endroit animé est réputé pour ses raviolis. Le service est rapide mais un peu négligent. ◉ *66 Bayard St, entre Mott St et Elizabeth St • plan P4 • 212 625 2359 • pas de cartes de paiement • $.*

8 Lombardi's
Cette adresse sans prétention propose d'excellentes pizzas. ◉ *32 Spring St, entre Mott et Mulberry Sts • plan P4 • 212 941 7994 • pas de cartes de paiement • $.*

9 Da Nico
Décor rustique et magnifique jardin intérieur pour ce restaurant tenu par une famille. Ses pizzas sont un *must*. ◉ *164 Mulberry St, entre Broome et Grand Sts • plan P4 • 212 343 1212 • $$.*

10 Il Palazzo
Incontournable ! Confort, éclairage à la bougie et... pas de touristes. Au menu, tous les meilleurs plats italiens. En été, le jardin est un délice. ◉ *151 Mulberry St et Grand St • plan P4 • 212 343 7000 • $$.*

➤ **Remarque :** *sauf indication contraire, tous les restaurants acceptent les cartes de paiement et proposent des plats végétariens.*

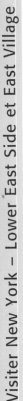

Visiter New York – Lower East Side et East Village

Gauche **Orchard Street** Droite **Scène de rue**

Lower East Side et East Village

Les rues de Lower East Side semblent encore retentir des voix des nouveaux arrivants entassés dans les tenements – logements sans fenêtres ni sanitaires –, des marchands ambulants et des enfants jouant dans les rues. Entre 1880 et 1920, ses églises furent transformées en synagogues pour répondre aux besoins de la masse d'immigrants juifs venus d'Europe de l'Est. Certains de leurs descendants y vivent toujours, mais nombre de Latinos et de Chinois s'y sont installés ces dernières années.

Actuellement, une clientèle jeune redécouvre le quartier, et Orchard Street est devenu l'endroit idéal pour faire des affaires. Non loin de là, East Village a lui aussi une histoire riche : cette ancienne enclave hollandaise, allemande puis juive est devenue un paradis hippie dans les années 1960. Seule la communauté ukrainienne a résisté à tous ces changements et à un récent embourgeoisement.

Peinture, **Ukrainian Museum**

Les sites

1. Lower East Side Tenement Museum
2. Orchard Street
3. New Museum of Contemporary Art
4. Eldridge Street Synagogue
5. Beth Hamedrash Hagadol Synagogue
6. Guss' Pickles
7. St. Mark's Place
8. St. Mark's-in-the-Bowery Church
9. Renwick Triangle
10. Ukrainian Museum

Charrette à bras d'un marchand ambulant

1 Lower East Side Tenement Museum

Dans cet immeuble de *tenements* sont reconstituées les conditions de vie de l'une des trois familles qui l'habitaient : des couturiers juifs allemands en 1874, des juifs orthodoxes de Lituanie en 1918, et des Siciliens catholiques pendant la crise des années 1930.
® *90 Orchard St • plan N5 • 212 431 0233 • vis. guid. mar.-ven. 13h20-16h45, sam.-dim. 11h-16h30 (réserver) • EP.*

2 Orchard Street

Située au cœur de l'actuel quartier du *discount,* Orchard Street a vu fleurir les commerces en 1940, lorsque le maire Fiorello LaGuardia interdit les charrettes à bras dans la ville. Beaucoup de commerçants continuent à sortir certaines marchandises sur le trottoir le dimanche et attirent les clients avec des remises de 20 à 30 % sur des articles de marque. Le Lower East Side Visitor Center organise des visites guidées gratuites le dimanche entre avril et décembre.
® *Lower East Side Visitor Center, 261 Broome St • plan P4 • 212 226 9010 • www.lowereastsideny.com • ouv. t.l.j. 10h-16h.*

3 New Museum of Contemporary Art

Depuis son inauguration en 1977, ce musée au parti pris provocateur a organisé des expositions présentant des œuvres expérimentales souvent négligées par les autres musées, notamment les nouvelles formes d'expression multimédia qui font parfois l'objet de vitrines surprenantes. Le musée a ouvert à nouveau ses portes fin 2007 dans un bâtiment d'avant-garde réalisé par les architectes Sejima et Nishizawa, de Tokyo. Il comprend une librairie, un théâtre, un centre de recherche et un café.
® *235 Bowery St • plan N4 • ouv. mar.-ven. 12h-22h, mer. et sam.-dim. 12h-18h • www.newmuseum.org • EP.*

4 Eldridge Street Synagogue

Classée monument historique, cette synagogue (1887) de style mauresque fut le premier lieu de culte construit aux États-Unis par les immigrants juifs d'Europe de l'Est, d'où sont originaires 80 % des juifs américains. Au début du XXe s.,

Gauche **Galerie d'art, Orchard Street** Droite **Vitraux, Eldridge Street Synagogue**

un millier de fidèles assistaient à l'office, mais ces derniers ayant peu à peu déserté, le temple ferma ses portes dans les années 1950. Aujourd'hui en pleine restauration, le lieu est devenu un centre culturel très actif.

12 Eldridge St • plan P5 • ouv. dim.-mar. 10h-16h • vis. guid. toutes les 30 min jusqu'à 15h • www.eldridgestreet.org • EP.

5 Beth Hamedrash Hagadol Synagogue

Construite en 1850, la Norfolk Street Baptist Church fut transformée en synagogue en 1885 par la plus ancienne congrégation juive russe orthodoxe d'Amérique, alors que la population du quartier changeait. Le petit édifice pittoresque a conservé les boiseries gothiques et la grille en fer de l'église d'origine. *60-64 Norfolk St • plan P5 • ouv. sur r.-v. • EG.*

6 Guss' Pickles

Une institution vieille de plus de 80 ans, témoin de l'époque du Lower East Side juif. Elle a même été star de cinéma grâce au film *Crossing Delancey*, de Joan Micklin, avec Amy Irving. Le week-end, les inconditionnels font la queue sur le trottoir autour des barils de condiments. Guss' fait également un malheur

Un quartier qui bouge

Preuve que le changement est la règle à New York, Lower East Side est le nouveau quartier branché, avec ses clubs, ses restaurants et ses boutiques. Certains jeunes emménagent même dans les immeubles que leurs arrière-grands-parents se sont efforcés de quitter. Ludlow Street est l'endroit idéal pour prendre le pouls de la tendance.

sur Internet et livre dans tous les États-Unis. *85-87 Orchard St • plan P5 • ouv. dim.-jeu. 9h30-18h, ven. 9h30-17h • www.gusspickle.com*

7 St. Mark's Place

Jadis au cœur du monde hippie, ce secteur a gardé des airs de contre-culture et reste le rendez-vous de la jeunesse d'East Village. Les trottoirs sont envahis jusque tard dans la nuit par les clients des bars excentriques et des boutiques de disques, livres, tee-shirts, fripes, perles, posters et cuir noir sous toutes ses formes. Le rendez-vous des amateurs de piercing et de tatouage. *East 8th St, entre 3rd Ave et Ave A • plan M4.*

8 St. Mark's-in-the-Bowery Church

La deuxième plus vieille église de New York se dresse à

Gauche **Beth Hamedrash Hagadol Synagogue** Centre **Guss' Pickles** Droite **Renwick Triangle**

l'emplacement de l'ancienne chapelle privée de Peter Stuyvesant, gouverneur de New Amsterdam au XVIIe s., qui y est enterré. Dans les années 1960, sa congrégation fut l'une des plus engagées politiquement. Elle reste d'ailleurs très active. 🔍 *131 East 10th St • plan M4 • ouv. lun.-ven. 8h30-16h ; service dim. 10h30 • EG.*

9 Renwick Triangle
Ce joli groupe de maisons de ville fut créé en 1861 par James Renwick Jr., grand architecte de l'époque. Il occupe le terrain de l'ancienne ferme de Peter Stuyvesant, transformée par ses descendants en une élégante zone résidentielle. 🔍 *114-128 East 10th St, 23-25 Stuyvesant St, entre 2nd et 3rd Aves • plan M4.*

10 Ukrainian Museum
Un somptueux bâtiment abrite la collection captivante de ce musée : costumes ukrainiens richement brodés, sarraus paysans, écharpes colorées, peaux de mouton fantaisie, gilets en fourrure, couronnes nuptiales et rubans, sans oublier les céramiques, les bijoux et les œufs de Pâques décorés, appelés *pysanky*. 🔍 *222 East 6th St, entre 2nd et 3rd Aves • plan N4 • ouv. mer.-dim. 11h30-17h • EG.*

Journée à East Side

Le matin

🕐 À Delancey St, dirigez-vous au sud vers Grand St, et rendez-vous à la Kossar's Bialys Bakery (367 Grand St), réputée pour ses petits pains moelleux à l'oignon, ou au Doughnut Plant (379 Grand St), dont les pâtisseries géantes sont une institution. Prenez vers l'est en direction de deux lieux de culte historiques, **Beth Hamedrash Hagadol Synagogue** *(p. 92)* et Bialystocker Synagogue.

Remontez East Broadway en passant devant le Henry Street Settlement (au n° 281), qui occupe trois bâtiments de style fédéral restaurés. Rendez-vous sur Orchard St, chez **Guss' Pickles**, et profitez-en pour faire les magasins de la rue sans vous ruiner, ou essayez l'un des 50 parfums de glace chez Il Laboratorio del Gelato. Poursuivez jusqu'à East Houston St et déjeunez chez **Katz's Delicatessen** *(p. 95)*, une institution new-yorkaise.

L'après-midi

Remontez vers le nord par 2nd Ave. Tournez à gauche dans East 6th St et visitez **l'Ukrainian Museum**, petit joyau de costumes et de culture. Parcourez **St. Mark's Place** en flânant dans les boutiques et les bars branchés, puis repartez vers l'est par Stuyvesant St pour admirer les magnifiques maisons de ville du **Renwick Triangle**. Enfin, faites une halte dans l'une des plus vieilles églises de la ville, **St. Mark's-in-the-Bowery Church**, où vous pourrez rendre hommage à la dépouille de Peter Stuyvesant.

Gauche **Harris Levy** Droite **Zarin Fabric Home Furnishings**

TOP 10 Magasins discount et boutiques

1 Zarin Fabric Home Furnishings
Ce showroom-atelier gigantesque vend aux particuliers des tissus pour la confection et l'ameublement à prix de gros depuis 1936.
🔗 *314 Grand St • plan P5.*

2 Frock
Les femmes élégantes trouveront ici des vêtements de grands couturiers à des prix abordables : modèles « vintage » de chez Dior et de Valentino.
🔗 *148 Orchard St • plan N5.*

3 American Intimates
De grands noms de la lingerie féminine à prix discount, ainsi que des sous-vêtements pour hommes et enfants. 🔗 *326 Grand Street St • plan N5.*

4 Friedman Hosiery
Le genre de magasin qui se fait malheureusement de plus en plus rare dans le quartier. Vous y trouverez un large choix de bas, chaussettes et sous-vêtements pour hommes et femmes. 🔗 *326 Grand St • plan N5.*

5 Fine & Klein
Réputé pour son grand choix de sacs à main et d'accessoires de grande qualité, la plupart à prix soldés. 🔗 *119 Orchard St • plan N5.*

6 Giselle
On y trouve, sur 4 étages, les collections de couturiers européens – Valentino, Escada et Ungaro ; remises de 20 à 30 %.
🔗 *143 Orchard St • plan N5.*

7 A. W. Kaufman
Belle lingerie fine à prix intéressants et avec service personnalisé. Fondé en 1924, ce magasin propose un large choix de sous-vêtements pour hommes, femmes et enfants ainsi que des habits de noces étonnants.
🔗 *73 Orchard St • plan P5.*

8 Jodamo
Un grand choix de vêtements pour hommes de marques européennes, comme Versace, Valentino ou Missoni, ainsi que des articles en cuir et des chaussures.
🔗 *321 Grand St • plan N5.*

9 Altman Luggage
Des sacoches d'ordinateur aux bagages à main, ce grand magasin vend avec remise des articles de marques comme Lark, Travel Pro et American Tourister. 🔗 *135 Orchard St • plan N5.*

10 Harris Levy
L'un des derniers survivants des nombreux magasins discount de linge de maison. Linge et accessoires en provenance d'Europe.
🔗 *278 Grand St • plan P5.*

Autres boutiques de New York **p. 64-65**

Catégories de prix

Pour un repas avec entrée, plat, dessert et un verre de vin, taxes et service compris.

$	moins de 25 $
$$	de 25 $ à 50 $
$$$	de 50 $ à 80 $
$$$$	plus de 80 $

Katz's Delicatessen

🔟 Restaurants

Schiller's Liquor Bar
Ce restaurant d'inspiration française, le dernier-né de Keith McNally, propose un menu éclectique, ainsi qu'un excellent brunch. Arrivez tôt pour éviter d'attendre. ✆ *131 Rivington et Norfolk St • plan N5 • 212 260 4555 • $$.*

Katz's Delicatessen
Pour comprendre le succès des *delis* new-yorkais, goûtez un sandwich de pain de seigle au pastrami chez Katz's Delicatessen. ✆ *205 East Houston St et Ludlow St • plan N5 • 212 254 2246 • $.*

Sammy's Roumanian
Foie haché et *shmaltz* feront sans doute grimper votre taux de cholestérol, mais vous en apprécierez chaque bouchée. ✆ *147 Chrystie St • plan N4 • 212 673 0330 • pas de plats végétariens • $$.*

WD-50
Ce café est réputé pour les créations de son chef Wylie Dufresne. ✆ *50 Clinton St, entre Rivington et Stanton Sts • plan N5 • 212 477 2900 • $$$.*

Le Père Pinard
Le Père Pinard est doté d'un jardin, très agréable pour faire une pause autour d'un verre de vin et d'un plat de bistrot. ✆ *175 Ludlow St, entre Houston St et Stanton St • plan N5 • 212 777 4917 • $$.*

Veselka
Diner ukrainien animé avec *borsch*, *blintzes* et *pierogis*. Les tables du fond sont plus calmes. ✆ *144 2nd Ave et 9th St • plan M4 • 212 228 9682 • pas de cartes de paiement • $.*

The Dumpling Man
Les *dumplings* (raviolis) végétariens, ou au porc ou au poulet, faits maison sont un succès. Gardez une place pour le dessert. ✆ *100 St Mark's Place • plan M4 • 212 505 2121 • $.*

La Palapa
Cuisine mexicaine typique et fabuleux margaritas maison dans un décor du meilleur goût. ✆ *77 St Mark's Place, entre 1st Ave et 2nd Ave • plan M4 • 212 777 2537 • $$.*

Seymour Burton
Les nouveaux propriétaires du bistrot français Le Tableau ont refait la décoration de ce restaurant de quartier et proposent de la nouvelle cuisine américaine. ✆ *511 East 5th St, entre A et B Aves • plan N5 • 212 874 2742 • $$.*

The Orchard
Sa cuisine méditerranéenne/italienne raffinée est plébiscitée, prouvant que le Lower East Side est un rendez-vous incontournable des gourmets. ✆ *162 Orchard St, entre Rivington et Stanton Sts • plan N5 • 212 353 3570 • $$$.*

Gauche **Peinture murale, Greene Street** Droite **Haughwout Building**

SoHo et TriBeCa

Il y a peu, TriBeCa – qui doit son nom à sa situation géographique (TRIangle BELow CAnal) – se composait encore essentiellement d'entrepôts désaffectés. Lorsque Robert De Niro y créa le TriBeCa Film Center, restaurants chic et célébrités séduites par les immenses lofts s'y installèrent. Aujourd'hui, TriBeCa est l'un des quartiers les plus recherchés de New York. SoHo (SOuth of HOuston) a suivi le même mouvement. Ses lofts inoccupés ont d'abord attiré les artistes, puis les galeries. Les restaurants ont suivi. La nouvelle image de SoHo – où les New-Yorkais adorent venir bruncher et se promener le dimanche – a rapidement fait grimper le prix des loyers, et de nombreuses galeries ont quitté le quartier. Celles qui persévèrent sont noyées parmi les boutiques de mode et de décoration. C'est dans ces deux quartiers que l'on trouve les immeubles en fonte qui constituent l'un des emblèmes de la ville.

Galerie, White Street

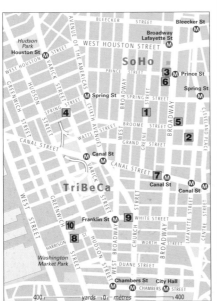

Les sites

1. **Greene Street**
2. **Children's Museum of the Arts**
3. **Prada**
4. **New York City Fire Museum**
5. **Haughwout Building**
6. **« Little » Singer Building**
7. **Canal Street**
8. **Harrison Street**
9. **White Street**
10. **TriBeCa Film Center**

Double page précédente **Gratte-ciel new-yorkais la nuit**

Greene Street

L'architecture en fonte fit florès à New York à la fin du XIXe s. Elle permettait de créer des éléments décoratifs (colonnes et arches) et des immeubles impressionnants à peu de frais. Sur Greene St, entre Canal et Grand et entre Broome et Spring, 50 de ces joyaux composent un étonnant alignement de façades à colonnades. ✆ *Plan N4.*

Children's Museum of the Arts

Ce musée, fondé en 1988, veut permettre aux enfants de 1 à 12 ans d'exprimer leur talent dans le domaine des arts plastiques et du spectacle. Ils utilisent peinture, colle, papier et matériaux recyclés pour laisser libre cours à leur imagination. Ils peuvent aussi jouer dans le Bell Pond et la Art House, concevoir des projets, voir des expositions. Projection de film chaque premier mercredi du mois. ✆ *182 Lafayette St • plan N4 • 212 941 9198 • ouv. mer., ven.-dim. 12h-17h, mar. 12h-18h • www. newmuseum.org • EP.*

Prada

L'enseigne annonce « Guggenheim SoHo », mais l'immeuble est désormais le vaisseau amiral – estimé à 40 millions de dollars… – du couturier italien Prada, emblème de la dérive de SoHo de l'art vers la mode. L'architecte hollandais Rem Koolhaas est le concepteur de ses escaliers suspendus, des murs ondulants, des ascenseurs futuristes et des cabines d'essayage high-tech. ✆ *575 Broadway et Prince St • plan N4 • ouv. lun.-sam. 11h-19h, dim. 12h-18h.*

New York City Fire Museum

L'ancienne caserne (1904) abrite voitures, pompes à incendie, uniformes et souvenirs du XVIIIe s. à nos jours. Une émouvante exposition de photos évoque l'attentat du World Trade Center du 11 septembre 2001 et rend hommage aux centaines de pompiers morts ce jour-là. ✆ *278 Spring St • plan N3 • ouv. mar.-sam. 10h-17h, dim. 10h-16h • www.nycfiremuseum.org • EP.*

Gauche **Children's Museum of the Arts** Droite **Prada**

5 Haughwout Building

Ce chef-d'œuvre en fonte de 1857 abritait à l'origine un magasin de porcelaine. Sur la façade, inspirée de celle de la bibliothèque de Sansovino à Venise, les arches à colonnades sont flanquées de colonnes corinthiennes. Le motif se répète 92 fois. Restauré, l'immeuble a retrouvé son élégante couleur d'origine. Il est par ailleurs le premier à avoir été équipé d'un ascenseur Otis, une invention bien utile à l'ère des gratte-ciel… ◈ 488-492 Broadway et Broome St • plan P4.

6 « Little » Singer Building

Au début du XXe s., la fonte céda la place à la brique et à la terre cuite sur structure métallique, comme l'illustre le « petit » Singer Building d'Ernest Flagg (par opposition à l'autre tour, plus grande, de Singer). Inspirée de l'architecture parisienne de l'époque, la façade à 12 étages a été dotée d'élégants balcons en fer forgé. ◈ 561-563 Broadway, entre Prince et Spring Sts • plan N4.

Haughwout Building

7 Canal Street

À la frontière entre SoHo et TriBeCa, Canal Street est un

Le Hollywood de la côte Est

TriBeCa est surnommé « Hollywood East » et, bien que tout se passe en coulisses, beaucoup de projections ont lieu ici. Le Grand Screen Room du TriBeCa Grand Hotel (p. 177) reçoit régulièrement la visite des grands noms du cinéma. Créé en mai 2002, le TriBeCa Film Festival attire de plus en plus de têtes d'affiche dans le quartier.

monde à part où les contrastes s'expriment comme nulle part ailleurs à New York. La rue fourmille de revendeurs de contrefaçons de montres Rolex, de sacs Gucci et de matériel électronique – peut-être neuf, mais rien n'est moins sûr… –, et les magasins de discount de baskets, de jeans et de brocante y foisonnent. En direction de l'est et de Chinatown, les gadgets cèdent la place aux légumes et aux poissons. ◈ Plan P3-P4.

8 Harrison Street

Des maisons de ville de style fédéral, construites entre 1796 et 1828, y furent transplantées en 1975 pour échapper à la

Gauche **« Little » Singer Building** Droite **Canal Street**

Harrison Street

destruction d'une grande partie du quartier à la suite d'un plan de réaménagement urbain. Au n° 6, l'immeuble de style Queen Anne (1884) abritait l'ancien New York Mercantile Exchange jusqu'à son déménagement pour le World Financial Center, en 1977 (p. 45). ✎ Plan P3.

White Street

Le meilleur panel d'architecture de fonte de TriBeCa, où se mêlent différents styles. Le bâtiment du n° 2 possède des caractéristiques du style fédéral et un toit à deux pentes. Les n°s 8 à 10, bâtis par Henry Fernbach en 1869, ont des colonnes et des arches toscanes, et les étages supérieurs sont moins élevés pour créer une illusion de hauteur, selon les règles du style néo-Renaissance. Changement de style radical pour l'édifice du n° 38, qui abrite la galerie de Rudi Stern, Let There Be Neon. ✎ Plan P3-P4.

TriBeCa Film Center

Cet ancien entrepôt de café de la fin du XIXe s. accueille désormais les sièges de plusieurs sociétés de production – dont les bureaux de Miramax. Une initiative due à Robert De Niro, qui fonda TriBeCa Productions en 1988. Le TriBeCa Grill, également créé par l'acteur en association avec le restaurateur Drew Nieporent, attire les stars depuis plus de 10 ans. ✎ 375 Greenwich St ✎ Plan P3.

Journée à SoHo et TriBeCa

(**Le matin**)

🕐 La station de métro Bleecker Street est un bon point de départ pour explorer les boutiques et les galeries de SoHo, dont certaines méritent vraiment un coup d'œil : Spencer Brown-stone au 39 et Peter Blum au 99 de Wooster St, David Beitzel au 102 Prince St et Deitch Projects au 76 Grand St. Sur **Greene St** (p. 99), vous trouverez notamment des magasins comme Moss, Helmut Lang, Paul Smith et Kirna Zabête.

The Drawing Center (p. 43) expose les œuvres de jeunes talents et organise des lectures de poésie. Parmi les nombreuses galeries de photo du quartier, signalons Janet Borden, David Nolan et Staley Wise, tous trois au 560 Broadway. Déjeunez de nouilles chinoises chez Keeley et Ping, 127 Greene St, entre Houston et Prince Sts.

(**L'après-midi**)

Faites un saut chez les créateurs Miu Miu (100 Prince St) et Anna Sui (113 Greene St) avant de vous rendre à TriBeCa. Admirez l'architecture de **White** et **Harrison Sts** et prenez un verre au **Church Lounge** (p. 102).

Passez le reste de l'après-midi à admirer les expositions de l'Apex Art Gallery (291 Church St) et de l'Ace Gallery (275 Hudson St). Prenez un cocktail chez **Dylan Prime** (p. 102) avant d'aller dîner dans un grand restaurant de TriBeCa, tels Danube, Nobu, Bouley ou Chanterelle (p. 103).

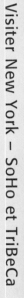

Visiter New York – SoHo et TriBeCa

Gauche **Pravda** Centre **Dylan Prime** Droite **Temple Bar**

TOP10 Sortir le soir

1 Pravda
Sirotez des vodkas du monde entier dans les fauteuils en cuir de ce bar russe. Décoré de souvenirs de Russie, le lieu est orné d'un plafond doré. *281 Lafayette St, entre Prince St et Houston St • plan N4 • 212 226 4696.*

2 Church Lounge
Un bar fréquenté occupe presque tout le rez-de-chaussée de l'hôtel. Fauteuils en peluche et magnifique atrium de 8 étages. *TriBeCa Grand Hotel, 2 6th Ave • plan N3 • 212 519 6600.*

3 Dylan Prime
Grand choix de cocktails et agréable espace haut de plafond. Une adresse branchée. *62 Laight St, entre Greenwich et Collister St • plan P3 • 212 334 4783.*

4 Thom Bar
Ce bar très branché attire du beau monde. On y sirote des cocktails en profitant de mix de DJs assez calmes. Idéal pour voir et être vu. *Thompson Hotel, 2e étage, 60 Thompson St • plan P3 • 212 219 3200.*

5 Another Room
Ce bar tranquille, fréquenté par des trentenaires, ne sert que du vin et de la bière. Ambiance relaxante à petits prix. *249 West Broadway, entre Beach St et North Moore St • plan P3 • 212 226 1418.*

6 Puck Fair
Pub confortable à plusieurs étages. Bière et bons amuse-gueules irlandais. *298 Lafayette St, entre Houston et Prince Sts • plan N4 • 212 431 1200.*

7 Grand Bar
Comme sa sœur TriBeCa Grand, SoHo Grand est un must pour les noctambules du quartier. Confort, lumière douce et clientèle huppée. Vous pouvez aussi y manger. *SoHo Grand Hotel, 310 West Broadway, entre Canal et Grand Sts • plan P3 • 212 965 3000.*

8 Merc Bar
Clientèle élégante, décor de chalet de montagne. Une adresse très en vue de SoHo. *151 Mercer St, entre Houston et Prince Sts • plan N4 • 212 966 2727.*

9 Temple Bar
L'endroit est tape-à-l'œil et hors de prix, mais les Martini sont géants. L'adresse idéale pour inviter un(e) petit(e) ami(e) – ou en trouver un(e). *332 Lafayette St, entre Bleecker et East Houston Sts • plan N4 • 212 925 4242.*

10 The Room
Bar convivial éclairé à la bougie. Pas d'alcools forts, mais 60 variétés de bière et 20 de vin. *144 Sullivan St, entre Prince et Houston Sts • plan N3 • 212 477 2102.*

Autres bars et lounges de New York **p. 54-55**

Catégories de prix

Pour un repas avec entrée, plat, dessert et un verre de vin, taxes et service compris.

$	moins de 25 $
$$	de 25 $ à 50 $
$$$	de 50 $ à 80 $
$$$$	plus de 80 $

Gauche **Chanterelle** Droite **Balthazar**

🔟 Restaurants

1 Danube
« Nouvelle cuisine autrichienne » légère comme l'air dans le superbe et chaleureux restaurant de David Bouley à TriBeCa *(p. 68)*. ❦ *30 Hudson St • plan P3 • 212 791 3771 • $$$$.*

2 Nobu
La sublime fusion nippo-péruvienne de Nobu Matsuhisa servie dans un décor fantaisie *(p. 68)*. ❦ *105 Hudson St • plan P3 • 212 219 0500 • $$$$ • une succursale, Nobu 57, a ouvert au 40 West 57th St (212 757 3000).*

3 Nobu Next Door
Ici, pas besoin de réserver. Vous pourrez goûter la célèbre *black cod with miso* (morue au miso). ❦ *106 Hudson St et Franklin St • plan P3 • 212 334 4445 • $$$.*

4 Bouley
David Bouley mérite sa réputation de grand chef dans ces 2 salles voûtées intimes, une boulangerie, un café et une épicerie fine. Au-dessus, une cuisine ouverte et un bar à sushis. ❦ *161 Duane St • plan P3 • 212 964 2525 • $$$$.*

5 Chanterelle
Son style Art nouveau et sa cuisine française divine font le succès du Chanterelle. Le soir, menus à prix élevés mais justifiés. ❦ *2 Harrison St et Huston St • plan P3 • 212 966 6960 • $$$$.*

6 Aquagrill
Ce restaurant populaire de SoHo est réputé pour ses fruits de mer ultrafrais, superbement présentés sur plateau. Gardez de la place pour les desserts au chocolat. ❦ *210 Spring St et 6th Ave • plan N3 • 212 274 0505 • $$$.*

7 Balthazar
Le plus parisien de tous les bistrots de SoHo a un seul problème : sa popularité. C'est une véritable ruche. ❦ *80 Spring St et Broadway • plan N3 • 212 965 1414 • $$$.*

8 Raoul's
Autre bistrot à l'atmosphère « rive gauche » de SoHo. Cuisine française au goût du jour et superbe jardin. ❦ *180 Prince St, entre Sullivan et Thompson Sts • plan N4 • 212 966 3518 • $$$.*

9 The Odeon
Avec sa décoration Arts déco et sa bonne cuisine franco-américaine qui ne déçoit jamais, ce restaurant attire les stars depuis 20 ans. Ambiance assurée. ❦ *145 West Broadway et Thomas St • plan P3 • 212 233 0507 • $$.*

10 Hampton Chutney Co.
Parfait pour un repas bon marché de *dosas* (crêpes nourrissantes garnies avec inventivité). ❦ *68 Prince St • plan N4 • 212 226 9996 • $.*

➤ **Remarque :** *sauf indication contraire, tous les restaurants acceptent les cartes de paiement et proposent des plats végétariens.*

Gauche **Washington Square Park** Centre **Jefferson Market Courthouse** Droite **Bar de Bleecker Street**

Greenwich Village

L'enchevêtrement tortueux de ses rues – reflet de celui d'un ancien village rural – tranche avec le plan en damier de la ville. Les allées arborées de ce quartier bohème ont de tout temps attiré artistes et écrivains. Jazzmen, poètes beatniks et chanteurs, comme Bob Dylan à ses débuts, y ont trouvé leur place. Appréciés à une époque par les gays, ses cafés et ses boutiques excentriques attirent aujourd'hui des jeunes de toute la ville. La nuit, les bars, les théâtres et les clubs du Village s'animent.

TOP 10 Les sites

1. Washington Square Park
2. MacDougal Alley
3. Washington Mews
4. Grove Court
5. Jefferson Market Courthouse
6. Cherry Lane Theatre
7. Bleecker Street
8. New York University
9. Judson Memorial Church
10. 75 1/2 Bedford Street

Balcons, Greenwich Village

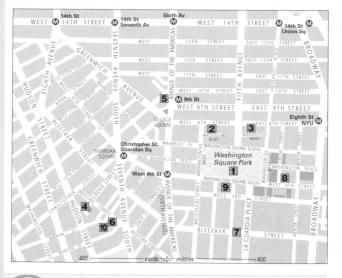

Washington Square Park

Ce parc très fréquenté occupe une ancienne zone marécageuse. L'arc de triomphe en marbre de Stanford White (1895) remplaça une version en bois érigée pour le centenaire de l'investiture de George Washington à la présidence. Mères de famille, joueurs d'échecs et amoureux occupent les bancs jadis réservés aux dealers. La fontaine au centre du parc fut la première scène à accueillir le jeune Bob Dylan. 🔊 *5th Ave, entre Waverly Pl et 4th St • plan N3.*

MacDougal Alley

Les étables du XIXe s. appartenant aux belles demeures de Washington Square North furent transformées en ateliers par des artistes au début du XXe s., ce qui valut à la rue le surnom de « Art Alley de Luxe ». Parmi ses illustres résidents, citons Gertrude Vanderbilt Whitney, qui créa le Whitney Museum en 1914 (8 West 8th St), à côté de son atelier de sculpture. 🔊 *À l'est de MacDougal St, entre 8th St et Waverly Pl • plan M3.*

Washington Mews

Ce groupe d'étables transformées en maisons vers 1900 attira les écrivains et les artistes. Au n° 14a vécurent tour à tour l'écrivain John Dos Passos et les peintres Edward Hopper, William Glackens et Rockwell Kent. L'écrivain Sherwood Anderson séjourna souvent au n° 54 avec son amie et mécène Mary Emmett. Ces enclaves pittoresques, si différentes des *blocks* d'immeubles modernes de Manhattan, contribuent au succès du Village. 🔊 *De University Pl à 5th Ave • plan M3.*

Grove Court

Cet ensemble de 6 maisons de ville dans un tournant de la rue fut créé par l'épicier Samuel Cocks, qui pensait que la présence d'habitations près de son commerce, au n° 18, servirait ses affaires. Si cette cour privée est aujourd'hui très prisée, elle ne l'était pas dans les années 1850, et le fait que des personnes peu recommandables s'y installent lui valut le surnom de « Mixed Ale Alley » (« allée de la bière »). 🔊 *Grove St, près de Bedford St • plan N3.*

Gauche **MacDougal Street** Droite **Grove Court**

5 Jefferson Market Courthouse

Cet ancien marché de 1833 porte le nom du président Thomas Jefferson. Dans la tour de guet, une cloche géante – installée lors de la construction du palais de justice en 1877 – servait à alerter les pompiers volontaires. Après la « délocalisation » du marché et du tribunal, l'édifice fétiche du Village fut sauvé de la démolition à la suite d'une campagne animée et fut transformé en annexe de la New York Public Library *(p. 124)* dans les années 1950. ⊘ *425 6th Ave, entre 9th et 10th Sts • plan M3 • ouv. lun. et mer. 12h-20h, mar., jeu.-ven. 10h-18h, sam. 10h-17h • EG.*

6 Cherry Lane Theatre

En 1924, cet ancien entrepôt fut l'un des premiers théâtres Off-Broadway, où furent montées des pièces d'auteurs tels qu'Edward Albee, Eugène Ionesco, David Mamet et Harold Pinter. Aujourd'hui, le Cherry Lane Alternative demande à des auteurs dramatiques connus de parrainer de jeunes talents. ⊘ *38 Commerce St, entre Bedford et Barrow Sts • plan N3 • www.cherrylanetheatre. org • 212 989 2020.*

7 Bleecker Street

L'enfilade de boutiques et de restaurants quelconques ne témoigne en rien du passé de la rue. James Fenimore Cooper vécut au n° 145 (1833). Theodore Dreiser séjourna au n° 160 lors de son passage à New York en 1895. James Agee avait élu domicile au n° 172 de 1941 à 1951. Et au n° 189, à l'angle de Bleecker et de MacDougal, le café San Remo était le rendez-vous des grands noms de la *beat generation* – William Burroughs, Allen Ginsberg, Gregory Corso et Jack Kerouac. ⊘ *Entre 6th Ave et West Broadway • plan N3.*

8 New York University

La NYU, vouée depuis son ouverture (1831) à l'enseigne-ment du grec et du latin, s'ouvrit au début du XXe s. à de nouvelles disciplines, proposant une « éducation rationnelle et pratique » à ceux qui se desti-naient à une carrière dans les affaires, l'industrie, les sciences et les arts, ainsi que dans le droit, la médecine et les ordres. Elle est aujourd'hui la plus gran-de université privée des États-Unis et occupe plusieurs *blocks* autour de Washington Square. ⊘ *Washington Square • plan N4.*

Le défilé de Halloween

Un défilé délirant de travestis et de costumes extravagants. Chaque année, quelque 25 000 manifestants remontent 6th Ave du Village à 23rd St sous les regards de milliers de spectateurs. Départ à 19 h le 31 octobre.

Gauche **Cherry Lane Theatre** Droite **Bleecker Street**

Judson Memorial Church
Cette élégante église romane conçue par Stanford White et ornée de vitraux de John La Farge fut bâtie entre 1888 et 1893. Le financement de ce monument dédié à Adoniram Judson, premier missionnaire baptiste en Asie, reçut la contribution de John D. Rockefeller Jr. *(p. 48)*. L'utilisation de brique jaune marbrée et de moulures blanches en terre cuite introduisit une couleur claire dans l'architecture religieuse américaine.
⊗ *55 Washington Square South • plan N3 • ouv. dim. à 11h pour la messe • EG.*

75 1/2 Bedford Street
La maison la plus étroite de New York (3 m de large) fut construite en 1893 dans un passage du Village. Elle abrita la poétesse Edna St. Vincent Millay, ainsi que les acteurs John Barrymore, puis Cary Grant. Sa voisine, au n° 77, est la plus ancienne demeure du Village (1799). Au n° 103, la maison connue sous le nom de « Twin Peaks » fut bâtie en 1830 et rénovée en 1925 par Clifford Reed Daily pour accueillir des ateliers d'artistes et d'écrivains.
⊗ *Entre Morton et Barrow Sts • plan N3.*

Journée dans le Village

Le matin

Partez de **Washington Square** *(p. 108)* et admirez les élégantes demeures où vécurent Edith Wharton et Henry James. Dénichez les charmantes maisons de Washington Mews et de **MacDougal Alley** *(p.105)*, puis remontez 6th Ave jusqu'à West 10th St en passant devant **Jefferson Market Courthouse**.

Prenez le passage devant l'Alexander Onassis Center for Hellenic Studies. Il menait jadis au Tile Club, rendez-vous des artistes du Tenth Street Studio, où vivaient et travaillaient Augustus Saint-Gaudens, John La Farge et Winslow Homer. Passez Waverly Place, Grove et Bedford Sts en admirant les superbes maisons. Déjeunez dans un bistrot typique du Village, comme le **Café Loup** *(p. 109)*.

L'après-midi

Après déjeuner, pourquoi ne pas flâner quelques heures dans les boutiques du quartier. Pour des vêtements *vintage*, rendez-vous chez Cheap Jack's (841 Broadway, entre 13th et 14th Sts). Juste en face (n° 840), vous trouverez Forbidden Planet, le paradis des amateurs de bandes dessinées.

West 8th et West 4th Sts sont envahies de magasins et abritent plusieurs cafés, qui sont parfaits pour observer la foule. Essayez le Caffe Reggio (119 MacDougal St). Les grands de la *beat generation* venaient y lire leur poésie.

Gauche **Washington Square** Centre **Oscar Wilde Bookshop** Droite **White Horse Tavern**

TOP 10 Promenade littéraire

1 Washington Square
Parmi les célébrités du Village : Edith Wharton, qui résida au n° 7 en 1882, et Henry James, né au n° 21 en 1843. ✆ Plan N3.

2 St. Luke's Place
La poétesse Marianne Moore y vécut ; et Théodore Dreiser écrivit *Une tragédie américaine* au n° 16.
✆ Entre Hudson St et 7th Ave South • plan N3.

3 Patchin Place
Charmant groupe de maisons du XIXe s. qui attira plus tard, entre autres, E.E. Cummings, John Masefield et Eugene O'Neill. ✆ West 10th St • Plan N3.

4 Oscar Wilde Bookshop
La plus ancienne librairie homosexuelle du monde est ouverte depuis 40 ans. Elle a servi de lieu de réunion aux militants. ✆ 15 Christopher St • plan M3.

5 White Horse Tavern
Le bar préféré de Norman Mailer et Dylan Thomas, qui, un soir de 1953, y annonça : « J'ai bu 18 whiskys secs » avant de s'évanouir. Il décéda le lendemain. ✆ 567 Hudson St et 11th St • plan N3.

6 Willa Cather Residence
Willa Cather y écrivit 6 romans et y recevait D.H. Lawrence et ses confrères.
✆ 5 Bank St, entre West et Greenwich Sts • plan N3 • fermé au public.

7 Mark Twain Residence
L'écrivain vécut dans cette maison de 1904 à 1908. Elle fut conçue par l'architecte de St. Patrick's Cathedral, James Renwick Jr. Twain recevait ses invités dans un immense lit sculpté. ✆ 21 5th Ave et 9th St • plan M3 • fermé au public.

8 William Styron Residence
Ce fut le premier appartement « minuscule mais assez joli » qu'occupa Styron – alors âgé de 23 ans – après avoir écrit *Un lit de ténèbres*. ✆ 43 Greenwich Ave • plan M3 • fermé au public.

9 Edward Albee Residence
Albee écrivit ici *The Zoo Story*. C'est sur le miroir d'un bar du quartier qu'il vit pour la première fois écrits les mots : « Qui a peur de Virginia Woolf ? » ✆ 238 West 4th St • plan N3 • fermé au public.

10 West 10th Street
Mark Twain vécut au n° 14 en 1900-1901, Hart Crane au n° 54 en 1917, et Edward Albee à l'auberge du n° 50 dans les années 1960. ✆ Plan M3 • fermé au public.

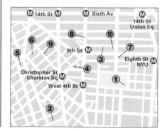

Autres personnalités historiques de New York p. 48-49

Gauche **Babbo** Droite **Blue Ribbon Bakery**

Catégories de prix

Pour un repas avec entrée, plat, dessert et un verre de vin, taxes et service compris.

$ moins de 25 $
$$ de 25 $ à 50 $
$$$ de 50 $ à 80 $
$$$$ plus de 80 $

Restaurants

Babbo
Un joli décor pour la cuisine italienne inventive du chef Mario Batali. Réservez, car l'adresse est très courue. ✆ *110 Waverly Pl • plan N3 • 212 777 0303 • $$$.*

Il Mulino
Autre excellent italien. Portions généreuses et chaleureuse salle aux murs de brique. Essayez les raviolis maison aux truffes en sauce au champagne. ✆ *86 West 3rd St, entre Sullivan et Thompson Sts • plan N3 • 212 673 3783 • $$$.*

Blue Hill
Cuisine américaine très appréciée, qui varie au fil des saisons et utilise des produits de la région. Le lieu est élégant et intime. ✆ *75 Washington Place et MacDougal St • plan N3 • 212 539 1776 • $$$.*

Blue Ribbon Bakery
Un haut lieu du Village, avec un menu géant et éclectique de plats roboratifs, comme les croissants au caviar ou le poulet frit du chef. ✆ *33 Downing St et Bedford St • plan N3 • 212 337 0404 • $$.*

Café de Bruxelles
Des moules et des frites délicieuses et, surtout, une fabuleuse sélection de bières belges dans un cadre confortable. ✆ *118 Greenwich Ave et West 13th St • plan M3 • 212 206 1830 • $$.*

Café Loup
Bistrot français agréable et très romantique, qui sert notamment carpaccio de thon, steak et poulet rôti. Grand bar. ✆ *105 West 13th St • plan M3 • 212 255 4746 • $$.*

Da Silvano
En terrasse, observez le va-et-vient des célébrités. On déguste de copieux plats d'Italie du Nord au milieu du brouhaha ambiant. ✆ *260 6th Ave, entre Bleecker et West Houston Sts • plan N3 • 212 982 2343 • $$$.*

Home
Des petits plats faits maison continuent à faire le succès de ce café. Le patio apporte un peu d'air frais. ✆ *20 Cornelia St, entre Bleecker St et 6th Ave • plan N3 • 212 243 9579 • $$.*

Pastis
Café très parisien et très recherché. Commandez un steak frites ou des escargots et laissez-vous gagner par l'ambiance. ✆ *9 9th Ave et Little West 12th St • plan M2 • 212 929 4844 • $$$.*

Sushi Samba
La cuisine marie des saveurs brésiliennes et japonaises, et les cocktails sont délicieux. En été, des concerts ont lieu sur le toit et attirent une clientèle branchée. ✆ *87 7th Ave South et Bleecker St • plan N3 • 212 691 7885 • $$.*

Remarque : *sauf indication contraire, tous les restaurants acceptent les cartes de paiement et proposent des plats végétariens.*

Gauche **Gramercy Park** Centre **Metropolitan Life Tower** Droite **Toits de Broadway**

Union Square, Gramercy Park et Flatiron

Il y a du changement dans l'air dans ce quartier prospère de Manhattan. Union Square, jadis repère des dealers et haut lieu de la contestation, a été rénové, transformé et accueille un marché quatre fois par semaine. On vient de toute la ville pour y acheter des produits frais. Le secteur attire de plus en plus de boutiques et de restaurants animés, qui remontent Fifth Avenue jusqu'aux environs auparavant négligés de Flatiron, du nom de l'immeuble situé au croisement de Fifth Avenue, de Broadway et de 23rd St. En face du Flatiron Building, Madison Square – en cours de restauration – accueille deux des restaurants les plus à la mode de New York. Quant à Gramercy Park, il reste lui-même, c'est-à-dire le quartier le plus européen de la ville.

Fantasy Fountain, Greg Wyatt, Gramercy Park

🔟 Les sites

1. Union Square Greenmarket
2. ABC Carpet & Home
3. Madison Square
4. Theodore Roosevelt Birthplace
5. Metropolitan Life Tower
6. Flatiron Building
7. Gramercy Park
8. National Arts Club
9. 69th Regiment Armory
10. « Curry Hill »

1 Union Square Greenmarket

Herbes et baies, légumes miniatures, fleurs coupées et pâtisseries maison, bobines de fil, jambons… Quelques exemples de ce que l'on trouve au marché qui investit Union Square tous les lundi, mercredi, vendredi et samedi. Plus de 200 fermiers viennent y vendre en direct leur production. Un New York haut en couleurs à ne manquer sous aucun prétexte. ◈ *Broadway et 14th St • plan M4 • ouv. 8h-18h.*

2 ABC Carpet & Home

Deux beaux immeubles abritent le magasin le plus éclectique de la ville, à la fois marché aux puces, marché aux antiquités et bazar oriental. Meubles français de qualité et robustes meubles mexicains, antiquités et reproductions, tissus et accessoires, linge de maison, literie, fleurs, alimentation, et tout un bâtiment consacré aux tapis. Pour une pause déjeuner, rendez-vous chez Lucy ou Pipa. ◈ *881 & 888 Broadway et East 19th St • plan L4.*

3 Madison Square

Le parc fut inauguré en 1847 au cœur d'un beau quartier résidentiel où naquirent Theodore Roosevelt et Edith Wharton. Le premier Madison Square Garden se trouvait là, à l'angle de Madison Avenue et de 26th St. En se développant, le quartier des affaires se dota d'immeubles tels que le Flatiron Building et le Metropolitan Life Building. Le parc, semé de nombreuses statues, est en cours de rénovation. ◈ *De 23rd à 26th Sts, entre Broadway et Madison Ave • plan L3.*

4 Theodore Roosevelt Birthplace

La maison natale de Theodore Roosevelt (1858-1919) a été reconstruite. Des expositions retracent la carrière politique ainsi que les explorations du 26e président des États-Unis, rassemblant jouets et badges de campagne, en passant par les emblèmes du chapeau « Rough Rider » (« cavalier volontaire ») que Roosevelt portait lors de la guerre hispano-américaine. Ce sont de rares témoignages du style de vie de la riche bourgeoisie new-yorkaise du XIXe s. ◈ *28 East 20th St, entre Broadway et Park Ave South • plan L4 • ouv. mar.-sam. 9h-17h • EP.*

Gauche **Madison Square** Droite **Theodore Roosevelt Birthplace**

5 Metropolitan Life Tower

En 1909, la plus grande société d'assurances mondiale fit construire cette tour de 54 étages, la plus haute de l'époque, du côté est de Madison Square. L'architecte, Napoleon Le Brun & Sons, s'inspira du campanile de la place Saint-Marc à Venise. Le bâtiment a été modifié lors de sa rénovation dans les années 1960, mais l'horloge à quatre cadrans et la coupole font toujours partie du paysage de la ville. ✪ *1 Madison Ave, près de la 24th St • plan L4 • ouv. horaires de bureau • EG.*

6 Flatiron Building

Bien qu'il soit écrasé par les innombrables gratte-ciel qui l'entourent, cet immeuble – symbole du début de l'ère du gratte-ciel – à la surprenante silhouette triangulaire continue de nous étonner. Sa façade élancée se dresse fièrement, telle la proue d'un navire remontant l'avenue. Le célèbre architecte de Chicago Daniel Burnham y incrusta de subtiles décorations, la plupart en terre cuite, de style Renaissance italienne. Lors de son achèvement en 1902, Flatiron Building marquait l'extrémité nord du prestigieux quartier des commerces, le Ladies' Mile, entre Union Square et Madison Square. ✪ *175 5th Ave, Broadway et 23rd St • plan L3 • ouv. horaires de bureau • EG.*

Les parcs de la ville

Manhattan compte 4 parcs de style londonien : Union, Madison, Stuyvesant et Gramercy. Ils furent créés au XIXe s. par des spéculateurs qui espéraient revendre les terrains alentour à de riches familles. Ces espaces verts contrastent avec les immeubles hauts et denses de la ville. Gramercy Park est uniquement accessible aux riverains.

7 Gramercy Park

Samuel Ruggles aménagea le quartier autour d'un parc privé (le dernier de la ville) dans les années 1830. Il y fait bon vivre. Stanford White remodela le n° 16 en 1888 pour le compte d'Edwin Booth, qui y fonda le Players Club. Sa statue orne le parc *(p. 114)*. ✪ *Lexington Ave, entre 20th et 21st Sts • plan L4 • fermé au public.*

8 National Arts Club

Ce *brownstone* néo-gothique ayant appartenu à Samuel Tilden, gouverneur de New York et opposant au fameux Boss Tweed *(p. 48)*, est l'œuvre de Calvert Vaux, l'architecte de Central Park. Le National Arts Club, qui compte parmi ses membres les plus grands artistes américains contemporains, a racheté l'immeuble en 1906. Chaque membre doit faire don d'une de ses œuvres au club. Les galeries sont ouvertes au public. ✪ *15 Gramercy Park South • plan L4.*

Flatiron Building

Effigies d'écrivains, National Arts Club

69th Regiment Armory

Cet immeuble Beaux-Arts servit de salle d'exercice et de quartier général à une unité militaire privée créée en 1848. En 1913, il accueillit l'Armory Show, exposition d'art moderne qui présentait des œuvres de Van Gogh, Duchamp et Brancusi. Vivement critiquée par la presse, l'exposition eut le mérite de faire entrer l'art moderne à New York et eut un impact profond et durable sur l'art américain. ◉ *Lexington Ave, entre 25th et 26th Sts • plan L4 • fermé au public.*

« Curry Hill »

Malgré les changements alentour, ces trois *blocks* situés juste au sud de Murray Hill ont conservé leurs boutiques indiennes de saris et de cadeaux et leurs restaurants, qui font le bonheur des végétariens et de ceux qui veulent manger à des prix raisonnables. Kalustyan's (123 Lexington Ave) vend des trésors d'épices et de céréales et quelque 31 variétés de riz. ◉ *Lexington Ave, entre 26th et 29th Sts • plan L4.*

Journée à Gramercy Park et Flatiron

Le matin

Les bibliophiles commenceront par la 12th St. Au n° 828 se trouve la plus grande librairie d'occasion de la ville, le Strand. De là, remontez Broadway en direction du nord jusqu'au **Greenmarket** *(p. 111)* d'Union Square. Poursuivez vers l'immense Paragon Sports (867 Broadway et 18th St) et Fishs Eddy (889 Broadway et 19th St) pour la porcelaine ancienne et moderne. Le fascinant **ABC Carpet & Home** vous attend au n° 888 *(p. 111)*.

Au **Flatiron Building**, tournez vers l'est en direction de **Madison Square** *(p. 111)*, puis déjeunez à la **Tabla** ou au **11 Madison Park** *(p. 115)*. Plusieurs restaurants de « Curry Hill » *(ci-contre)* proposent des menus bon marché, notamment **Pongal** (n° 110) et **Saravanaas**, au 81 Lexington Ave.

L'après-midi

Pendant que vous êtes dans le quartier, allez découvrir les étranges épices de Kalustyan's (123 Lexington Ave).

D'autres boutiques vous attendent sur Fifth Ave entre 14th et 23rd Sts, notamment Anthropologie au n° 85, Zara au n° 101, Juicy Couture au n° 103 et H&M au n° 111.

Terminez la journée dans l'oasis huppée de **Gramercy Park**. Promenez-vous sur East 19th St, surnommée « Block Beautiful » en raison de ses belles maisons des années 1920.

Gauche **Farragut Monument** Centre **George Washington** Droite **Marquis de Lafayette**

Statues et monuments

1 George Washington
Cette statue équestre de 4,26 m, dressée sur un socle de granit et réalisée en 1856 par Henry Kirke Brown, fut la première grande statue extérieure de la ville. 🔊 *Union Sq, en face de 14th St • plan M4.*

2 Abraham Lincoln
Cette statue fut commandée à Henry Kirke Brown juste après l'assassinat du président, en 1865. 🔊 *Extrémité nord d'Union Sq, près de 16th St • plan M4.*

3 Marquis de Lafayette
Cette sculpture de Lafayette (1873) offrant son cœur à la révolution américaine est l'œuvre de Frédéric Auguste Bartholdi, à qui l'on doit la statue de la Liberté. 🔊 *Madison Sq • plan L3-L4.*

4 Mohandas K (Mahatma) Gandhi
La statue du héros de l'indépendance indienne est délibérément installée dans ce haut lieu de la contestation. 🔊 *Union Sq • plan M4.*

5 Edwin Booth en Hamlet
Le fondateur du Players Club est représenté alors qu'il est sur le point de prononcer le monologue d'Hamlet. La statue de 1917 fait face à son ancienne demeure. 🔊 *Gramercy Park • plan L4.*

6 Fantasy Fountain
La fontaine de Greg Wyatt (1983) représente un soleil et une lune souriants, entourés de girafes dansantes. En été, de l'eau jaillit de leur bouche. 🔊 *Angle sud-est de Gramercy Park • plan L4.*

7 Worth Monument
Cet obélisque (1850) marque l'emplacement de la tombe du seul personnage public enterré sous le pavé de Manhattan, le général Worth, héros des guerres mexicaines. 🔊 *Traffic Island, 23rd St et Broadway • plan L3.*

8 Farragut Monument
Ce mémorial de 1880 dédié à un héros de la marine fit d'Augustus Saint-Gaudens le plus grand sculpteur de la nation. Le socle est de Stanford White. 🔊 *Madison Sq • plan L3-L4.*

9 Chester Alan Arthur
Le sculpteur George Edwin Bissell (1898) a représenté le 21e président des États-Unis debout devant une chaise. 🔊 *Madison Sq • plan L3-L4.*

10 William Seward
En 1876, Randolph Rogers immortalisa le secrétaire d'État de Lincoln, célèbre pour son acquisition très controversée de l'Alaska en 1867. 🔊 *Madison Square • plan L3-L4.*

Autres personnalités historiques de New York p. 48-49

Catégories de prix

Pour un repas avec entrée, plat, dessert et un verre de vin, taxes et service compris.

$	moins de 25 $
$$	de 25 $ à 50 $
$$$	de 50 $ à 80 $
$$$$	plus de 80 $

Tabla, Madison Avenue

Restaurants

1 Union Square Café
L'un des restaurants les plus fréquentés de New York s'approvisionne au marché voisin d'Union Square (p. 68). ◎ *21 East 16th St et Union Sq West • plan M4 • 212 243 4020 • $$$.*

2 Gramercy Tavern
Cuisine américaine inventive universellement appréciée, desserts somptueux (p. 69). ◎ *42 East 20th St et Broadway • plan L4 • 212 477 0777 • $$$.*

3 11 Madison Park
Danny Meyer a fait du 11 Madison Park une adresse chic. Nouvelle cuisine américaine inventive et élégante décoration Arts déco. ◎ *Madison Ave et East 24th St • plan L4 • 212 889 0905 • $$$.*

4 Tocqueville
Un petit bijou où le chef concocte une cuisine française agrémentée à la japonaise. ◎ *15 East 15th St entre Union Square West et 5th Ave • plan M4 • 212 647 1515 • $$$.*

5 Tabla et Tabla Bread Bar
Autre réussite de Danny Meyer sur Madison Square. Nouvelle cuisine américaine assaisonnée à l'indienne, dans un cadre coloré. ◎ *11 Madison Ave et East 25th St • plan L4 • 212 889 0667 • Tabla $$$, Bread Bar $$.*

6 Fleur de Sel
Restaurant français très romantique, dont le menu, élaboré en fonction du marché, change chaque jour. ◎ *5 East 20th St, entre 5th Ave et Broadway • plan L4 • 212 460 9100 • $$$.*

7 Olives
Situé dans l'hôtel W Union Square, Olives propose des plats d'influence méditerranéenne et fait salon de thé l'après-midi. ◎ *201 Park Ave South et 17th St • plan M4 • 212 353 8345 • $$$.*

8 Veritas
L'étonnante carte des vins est son point fort, et la nouvelle cuisine américaine est fantastique. Réservez. ◎ *43 East 20th St, entre Broadway et Park Ave South • plan L4 • 212 353 3700 • $$$$.*

9 Novita
Ambiance chaleureuse. Le chef sert des spécialités innovantes du nord de l'Italie. Laissez-vous tenter par le magret de canette à la sauce au barolo. ◎ *102 East 22nd St, entre Lexington et Park Ave South • plan L4 • 212 677 2222 • $$.*

10 Craftbar
Une version plus décontractée et moins onéreuse du Craft – voisin – de Tom Collichio. ◎ *47 East 19th St et Park Ave South • plan M4 • 212 461 4300 • $$.*

Remarque : *sauf indication contraire, tous les restaurants acceptent les cartes de paiement et proposent des plats végétariens.*

Gauche **Façade de Macy's** Centre **Horloge ornementale, Herald Square** Droite **Chelsea Piers**

Chelsea et Herald Square

*C*helsea a beaucoup changé. Cette enclave tranquille de brownstones du XIXe s. n'avait jamais été un secteur à la mode. Aujourd'hui, c'est le quartier des gays, des boîtes de nuit et des galeries d'art avant-gardistes. Les immeubles de Sixth Avenue sont occupés par de grands magasins et des boutiques de discount. À l'ouest, les Chelsea Piers ont transformé le front de mer. Uptown, le Garment District (« quartier du vêtement ») commence aux alentours de 27th St. Herald Square et Macy's sont au cœur du quartier commerçant le plus animé de la ville.

🔟 Les sites

1. Shopping sur 6th Avenue
2. Annex Antiques et Flea Market
3. Flower District
4. Chelsea Hotel
5. Chelsea Historic District
6. General Theological Seminary
7. Chelsea Piers
8. Fashion Institute of Technology (FIT)
9. Herald Square
10. Macy's

Pom-pom girls à Macy's

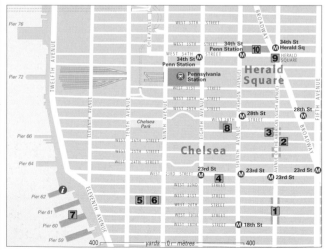

1 Shopping sur 6th Avenue

Autour de Macy's, ouvert en 1888, s'étend un ancien quartier populaire baptisé « Fashion Row » (« rue de la Mode »). Aux nᵒˢ 655-671, la façade (1876) du Hugh O'Neill Dry Goods Store rappelle l'époque où l'arrivée du métro aérien sur 6th Avenue facilita l'accès au quartier. Lorsque le centre commerçant de Manhattan se déplaça vers le nord, ces palais de fonte furent désertés. Depuis peu, des magasins de discount et des grands magasins leur redonnent vie. ◈ *6th Ave, de 18th à 23rd Sts • plan L3.*

2 Annex Antiques et Flea Market

Tous les week-ends depuis plus de 30 ans, l'un des marchés les plus fréquentés de la ville s'installe sur un parking. Plus de 600 revendeurs de la région, du Maine au Maryland, viennent vendre vêtements, argenterie, bijoux, meubles, œuvres d'art et autres objets (des vieux outils aux lunettes rétro). Pour de belles antiquités, rendez-vous à ces adresses : The Amex, marché couvert situé à deux pas (112 West 25th St), et The Showplace (40 West 26th St), où 135 revendeurs se partagent 3 étages. ◈ *6th Ave et 26th St • plan L3 • ouv. du lever au coucher du soleil • EP.*

Façade, Chelsea Hotel

3 Flower District

Ici, au cœur du quartier des fleuristes de la ville, les trottoirs disparaissent sous les plantes, les arbustes et les fleurs. C'est la plus forte concentration de magasins de plantes d'appartement, d'arbres et de fleurs – coupées, séchées ou artificielles. Si vous ne trouvez pas la plante que vous cherchez, c'est probablement qu'elle n'existe pas. ◈ *6th Ave, entre 25th et 30th Sts • plan L3.*

4 Chelsea Hotel

Cet immeuble de 1884 aux balcons en fer forgé n'a rien d'exceptionnel. Et pourtant, il est absolument mythique. Musiciens, peintres et écrivains fréquentèrent cet hôtel occupé jadis par des appartements. À l'extérieur, des plaques en cuivre portent leurs noms – Tennessee Williams, Mark Twain, Jack Kerouac et Brendan Behan. Dylan Thomas y passa les dernières années de sa vie. C'est aussi là que le chanteur punk Sid Vicious assassina sa compagne Nancy Spungeon, en 1978. Entrez dans le hall pour voir les œuvres d'art très modernes. Le bar du sous-sol s'appelle maintenant le Star Lounge. ◈ *212 West 23rd St, entre 7th et 8th Aves • plan L3.*

Gauche **Flower District** Droite **Chelsea Hotel, rampe d'escalier en fer forgé**

5 Chelsea Historic District

Le quartier fut aménagé dans les années 1830. Les 7 maisons de ville baptisées « Cushman Row » (n°s 406 à 418 West 20th St) sont les plus beaux exemples d'architecture néogrecque de New York. Les maisons des n°s 446 à 450 West 20th St sont bâties dans le style italianisant qui fit la réputation de Chelsea. ⚓ *Entre 9th et 10th Aves, 20th et 21st Sts • plan L2.*

6 General Theological Seminary

Le plus ancien séminaire épiscopal des États-Unis fut fondé en 1819. Le campus fut construit dans les années 1830 autour de deux cours sur un site offert par Clement Moore, qui enseignait au séminaire. Le bâtiment principal ajouté en 1960 abrite la bibliothèque, qui possède le plus important fonds du monde de bibles en latin. Les jardins sont superbes (entrée sur 9th Ave). ⚓ *20th à 21st Sts • plan L2 • ouv. lun.-ven. 12h-15h ; sam. 11h-15h • EG.*

7 Chelsea Piers

Quatre anciens môles abandonnés accueillent désormais un complexe de sports et de loisirs de 12 ha et le plus grand site de

LE grand magasin

Macy's fait partie de la vie de la cité. Il sponsorise le défilé de Thanksgiving, le feu d'artifice du 4 Juillet et toutes sortes d'événements, de l'exposition florale annuelle qui envahit le rez-de-chaussée au printemps, à Tap-O-Mania, où des milliers de danseurs de claquettes convergent vers Herald Square.

production de cinéma et de télévision de Manhattan. Les installations comprennent une patinoire, des pistes de roller et de skateboard, des terrains de sport, un bowling et une marina d'où l'on peut embarquer pour des mini-croisières et des leçons de nautisme. Pier Park offre un espace de détente avec vue sur la mer. ⚓ *23rd St le long de l'Hudson River • plan L2 • ouv. t.l.j. 6h-minuit • www.chelseapiers.com • EP.*

8 Fashion Institute of Technology (FIT)

Fondé en 1944 et désormais rattaché à la State University of New York, le Fashion Institute of Technology est une prestigieuse école d'art, de dessin de mode et de marketing. Calvin Klein, Norma Kamali et David Chu comptent parmi ses anciens

Gauche **Chelsea Piers** Centre **« Cushman Row », Chelsea Historic District** Droite **Herald Square**

Macy's, entrée sur 34th Street

élèves. Le public peut visiter la galerie, où sont exposées les créations des étudiants. ✎ *7th Ave et West 27th St • plan L3 • ouv. mar.- ven. 12h-20h ; sam. 10h-17h • EG.*

9 Herald Square

Cette place était le centre du Tenderloin, quartier interlope dans les années 1870 et 1880, avant sa réhabilitation. Le Manhattan Opera House fut rasé en 1901 pour faire place à Macy's, rapidement rejoint par d'autres grands magasins. L'horloge qui se dresse à l'endroit où Broadway rejoint 6th Avenue est le seul vestige de l'immeuble qu'occupait le *New Herald Tribune* jusqu'en 1921. ✎ *Broadway et 6th Ave • plan K3.*

10 Macy's

L'ancien pêcheur de baleine R. H. Macy fonda ce magasin en 1858 sur 6th Avenue et 14th Street. Il innova en vendant ses produits un peu moins d'un dollar et en offrant une garantie de remboursement. L'étoile rouge du logo reproduit son tatouage. Le magasin fut vendu en 1888 et s'installa dans ses locaux actuels *(p. 64)*. ✎ *151 West 34th St et 6th Ave • www.macys.com • plan K3.*

Journée à Chelsea

Le matin

🕐 Promenez-vous dans Chelsea en commençant par les mégastores qui occupent désormais l'ancienne « Fashion Row » sur **6th Ave** *(p. 117)*, entre 18th et 23rd Sts. Remontez 16th St à l'ouest jusqu'à 9th Ave et au Chelsea Market, installé dans une ancienne usine de Nabisco où furent créés les premiers cookies Oreo. La chaîne thématique Food Network possède ici un studio où elle enregistre ses émissions télévisées.

Remontez 9th Ave jusqu'à 20th St, où se trouvent le **Chelsea Historic District** et le **General Theological Seminary**. Puis rendez-vous à la « Gallery Row » en constante progression entre 21st et 24th Sts, et entre 10th et 11th Aves. Pour déjeuner, **The Red Cat** sert une bonne cuisine méditerranéenne *(p. 121)*.

L'après-midi

Prenez vers l'est sur 23rd St jusqu'au **Chelsea Hotel** *(p. 117)*. En arrivant sur 6th Ave, partez vers le nord pour le grand marché des antiquaires et le **Flower District** *(p. 117)*. Un *block* plus à l'ouest sur 27th St, rendez-vous au **Fashion Institute of Technology**, dont la galerie propose généralement des expositions intéressantes.

Visitez ensuite l'un des trésors cachés du quartier, la St. John the Baptist Church (210 East 31st St). La façade lugubre masque un intérieur gothique flamboyant. Poursuivez jusqu'à 34th St, où se trouvent **Herald Square** et **Macy's**.

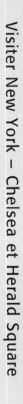

Gauche **Barbara Gladstone** Droite **Andrea Rosen**

TOP 10 Galeries de Chelsea

1 Dia Center for the Arts
Les grandes galeries sont actuellement fermées, mais le musée dispose d'une succursale à Beacon, NY. ✆ *548 West 22nd St et 10th Ave • plan L2 •* **Beacon Museum :** *3 Beckman St, Beacon • ouv. jeu.-lun. 11h-18h (mi-oct-mi-avr. : 11h-16h).*

2 Matthew Marks
La première galerie expose des œuvres volumineuses, la seconde est consacrée à des pièces récentes *(p. 43).* ✆ *522 West 22nd St et 10th Ave ; 523 West 24th St et 10th Ave • plan L2 • ouv. mar.-sam. 11h-18h • EG.*

3 Paula Cooper
Ses expositions défraient souvent la chronique *(p. 43).* ✆ *534 West 21st St et 10th Ave • plan L2 • ouv. mar.-sam. 10h-18h • EG.*

4 Paul Kasmin
Beaucoup de jeunes talents ont été découverts par ce fils d'un marchand d'art londonien *(p. 43).* ✆ *293 10th Ave et 27th St • plan M2 • ouv. mar.-sam. 11h-18h • EG.*

5 Barbara Gladstone
Décor spectaculaire pour œuvres imposantes, vidéos et photographies. ✆ *515 West 24th St et 10th Ave • plan L2 • ouv. mar.-sam. 10h-18h • EG.*

6 Andrea Rosen
Depuis son départ de SoHo pour Chelsea, ses expositions éclectiques sont parmi les plus visitées du quartier. ✆ *525 West 24th St et 10th Ave • plan L2 • ouv. mar.-sam. 10h-18h • EG.*

7 Marlborough, Chelsea
La galerie de 57th St expose de grands artistes, tandis que l'antenne de Downtown présente les œuvres de jeunes sculpteurs et peintres *(p. 42).* ✆ *545 West 25th St et 7th Ave • plan L3 • ouv. mar.-sam. 10h-18h • EG.*

8 Robert Miller
On y retrouve de grands noms : Diane Arbus, Andy Warhol, Walker Evans et Jacob Epstein. ✆ *524 West 26th St et 10th Ave • plan L2 • ouv. mar.-sam. 10h-18h • EG.*

9 Sonnabend
Cette sommité du monde de l'art représente les premiers artistes pop, mais reste à l'affût des nouvelles tendances. ✆ *536 West 22nd St et 10th Ave • plan L2 • ouv. mar.-sam. 10h-18h • EG.*

10 303 Gallery
Expose des artistes généralement encensés par les critiques. ✆ *525 West 22nd St et 10th Ave • plan L2 • ouv. mar.-sam. 10h-18h • EG.*

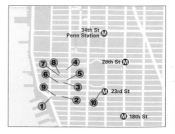

Catégories de prix

Pour un repas avec	
entrée, plat, dessert	**$** moins de 25 $
et un verre de vin,	**$$** de 25 $ à 50 $
taxes et service	**$$$** de 50 $ à 80 $
compris.	**$$$$** plus de 80 $

Gauche **Rocking Horse Café Mexicano** Droite **Empire Diner**

🔟 Restaurants

Da Umberto
La popularité de sa cuisine toscane raffinée ne s'est jamais démentie. Nombreux plats du jour. ✆ 107 West 17th St, entre 6th Ave et 7th Ave • plan M3 • 212 989 0303 • $$$.

Periyali
Auvent ondulant et murs blancs pour ce restaurant grec huppé et de qualité, aux plats particulièrement inventifs. ✆ 35 West 20th St, entre 5th Ave et 6th Ave • plan L3 • 212 463 7890 • $$$.

The Red Cat
Cuisine américaine de première qualité dans ce restaurant de quartier chaleureux. Ne manquez pas les frites de parmesan à l'aïoli. ✆ 227 10th Ave, entre 23rd St et 24th St • plan L2 • 212 242 1122 • $$.

East of Eighth
Nombre d'habitants du quartier viennent savourer cette cuisine internationale. Brunch d'un très bon rapport qualité-prix. ✆ 254 West 23rd St, entre 7th Ave et 8th Ave • plan L3 • 212 352 0075 • $$.

Buddakan
Sa célébrité ne vient pas tant de sa bonne cuisine asiatique *fusion food* que de son décor. Endroit branché et accueil sympathique. ✆ 75 9th Ave et 16th St • plan M2 • 212 989 6699 • $$$.

Rocking Horse Café Mexicano
On vient ici pour les superbes margaritas et l'excellente cuisine mexicaine à prix raisonnables. Toujours bondé. ✆ 182 8th Ave, entre 19th St et 20th St • plan L2 • 212 463 9511 • $$.

El Cid
Tapas, paella, sangria et autres spécialités espagnoles. Décor chaleureux. ✆ 322 West 15th St, entre 8th Ave et 9th Ave • plan M2 • 212 929 9332 • $$.

Monster Sushi
Comme son nom l'indique, ce restaurant sert des sushis géants, à des prix raisonnables. ✆ 158 West 23rd St • plan L3 • 212 620 9131 • $$.

Bottino
Les galeries attirent ici une clientèle élégante. Bonne cuisine d'Italie du Nord et adorable jardin. ✆ 246 10th Ave, entre 24th St et 25th St • plan L2 • 212 206 6766 • $$.

Empire Diner
Un ancien wagon-restaurant à la décoration Arts déco, ouvert 24h/24. Pour voir et être vu, venez après minuit. ✆ 210 10th Ave et 22nd St • plan L2 • 212 243 2736 • $.

➤ **Remarque:** *sauf indication contraire, tous les restaurants acceptent les cartes de paiement et proposent des plats végétariens.*

Gauche **Prometheus, Rockefeller Center** Centre **Grand Central Terminal** Droite **Chrysler Building**

Midtown

Les lumières de Times Square, les flèches de l'Empire State Building et du Chrysler Building, le Rockefeller Center, le siège des Nations unies, les boutiques de Fifth Avenue, les musées, les théâtres et les innombrables immeubles somptueux... Toutes ces splendeurs se trouvent réunies dans un périmètre situé entre 34th Street et 59th Street, et entre l'East River et Broadway. Cette concentration de sites passionnants fait de Midtown le quartier le plus visité de la ville. La célèbre Fifth Avenue, qui sépare East Side de West Side, est la rue principale de Manhattan. Cet axe offre un généreux échantillon des diverses richesses architecturales et commerciales des États-Unis. Midtown est également le reflet de la diversité de la ville, des boutiques animées du Diamond District aux salles somptueuses de la New York Public Library.

St. Patrick's Cathedral

 Les sites

1 Times Square
2 Empire State Building
3 Rockefeller Center
4 Chrysler Building
5 Grand Central Terminal
6 New York Public Library
7 St. Patrick's Cathedral
8 United Nations Headquarters
9 Diamond District
10 Carnegie Hall

Times Square
Le plus célèbre carrefour de la ville, symbole du très animé quartier des théâtres qui l'entoure (p. 22-25).

Empire State Building
Ce monument Arts déco est le plus célèbre et le plus haut gratte-ciel de New York. Depuis son achèvement en 1931, il a reçu plus de 120 millions de visiteurs venus admirer la ville depuis ses observatoires (p. 8-9).

Rockefeller Center
Le Rockefeller Center est au cœur de Midtown. Animé jour et nuit, il abrite des boutiques, des jardins, des restaurants et des cafés, des bureaux et d'innombrables œuvres d'art (p. 12-15).

Chrysler Building
L'incomparable flèche du Chrysler Building est l'un des symboles de New York. La restauration du somptueux hall Arts déco, où le constructeur exposait ses voitures, a dévoilé ses marbres et ses granits luxueux. Son immense plafond est orné de peintures représentant des scènes de transport de la fin des années 1920 (p. 44).
◈ 405 Lexington Ave et 42nd St • plan K4 • ouv. (hall seul.) lun.-ven. 7h-18h • EG.

Grand Central Terminal
Grand Central Terminal est l'une des plus grandes gares du monde. Avec plus de 500 000 voyageurs chaque jour, l'extraordinaire bâtiment Beaux-Arts (p. 47) est le plus fréquenté de New York. Depuis sa restauration, on y vient aussi pour ses 15 restaurants, ses 40 boutiques, le New York City Transit Museum et son marché gastronomique. ◈ 42nd St, entre Park et Lexington Aves • plan J4-K4 • ouv. t.l.j. 5h30-1h30 • www.grandcentralterminal.com • EG.

Gauche **Empire State Building** Centre **Rockefeller Center** Droite **Chrysler Building**

New York Public Library

6 Carrère and Hastings remportèrent le concours pour la construction de ce magnifique bâtiment Beaux-Arts. Leur génie atteint son paroxysme dans Main Reading Room, salle lambrissée aussi majestueuse qu'une cathédrale occupant presque deux *blocks*, avec d'immenses fenêtres cintrées, 18 lustres et un plafond à voûte magnifiquement décoré *(p. 47)*. ✎ *5th Ave et 42nd St • plan K3 • ouv. lun., jeu.-sam. 11h-18h, mar.-mer. 11h-19h30, dim. 13h-17h • www.nypl.org • EG.*

St. Patrick's Cathedral

7 Le dimanche, la plus grande cathédrale catholique des États-Unis accueille plus de 5 000 fidèles. Lorsque l'archevêque John Hughes décida de bâtir une cathédrale ici en 1850, beaucoup critiquèrent le choix d'un site à l'époque excentré. Aujourd'hui, l'église est parfaitement bien située dans Manhattan *(p. 46)*. ✎ *5th Ave, entre 50th et 51st Sts • plan J3 • ouv. t.l.j. 6h30-20h45 • EG.*

Pietà de William O. Partridge, St. Patrick's Cathedral

À l'heure du thé

Les New-Yorkais apprécient de plus en plus les salons de thé. Les meilleures adresses sont l'élégant Four Seasons Hotel (57 East 57th St, près de Madison), le Tea Box Café de Takashimaya *(p. 126)*, et les salons de thé du St. Regis Hotel *(p. 172)* et de Fauchon (442 Park Ave et 56th St).

United Nations Headquarters

8 John D. Rockefeller Jr. fit don de 8,5 millions de dollars pour l'achat du site de 7 ha au bord d'East River, qui accueille le siège de l'ONU, créée en 1945 dans le but d'œuvrer pour la paix et le bien-être économique et social dans le monde, et qui compte de nos jours 189 pays membres. L'architecte américain Wallace Harrison travailla avec des consultants de plusieurs nationalités pour concevoir cet édifice étonnant. Des visites guidées permettent de découvrir les diverses salles, dont celle de

Gauche **New York Public Library** Droite **St. Patrick's Cathedral**

l'Assemblée générale, et de nombreuses œuvres d'artistes célèbres, dont Marc Chagall et Henry Moore. ✆ *1st Ave et 46th St • plan J5 • ouv. (vis. guid.) lun.-ven. 9h30-16h45, sam.-dim. 10h-16h30 (jan.-fév. : lun.-ven. seul.) • www.un.org • EP.*

9 Diamond District

Les vitrines des diamantaires de tout ce *block* scintillent de mille éclats. Développé par des juifs orthodoxes, le quartier – où transitent 80 % des diamants importés aux États-Unis – prit de l'importance durant la Seconde Guerre mondiale, lorsque les juifs quittèrent par milliers les villes d'Anvers et d'Amsterdam pour s'installer à New York. Les pierres sont taillées et serties dans les ateliers situés au-dessus des boutiques. ✆ *47th St, entre 5th et 6th Aves • plan J3.*

10 Carnegie Hall

La ville faillit perdre sa plus célèbre salle de concerts lorsque le New York Philarmonic partit pour le tout nouveau Lincoln Center dans les années 1950. Mais le violoniste Isaac Stern mena une campagne pour empêcher sa démolition. Rachetée par la ville en 1960, elle fut classée monument historique en 1964. En 1986, un grand projet de restauration lui redonna son aspect d'origine. Les installations techniques furent modernisées tout en préservant la célèbre acoustique de la salle. Les couloirs et le Rose Museum sont remplis de souvenirs *(p. 46)*. ✆ *West 57th St et 7th Ave • plan H3 • ouv. t.l.j. 11h-16h30 • www.carnegiehall.org • EG.*

Journée à Midtown

Le matin

🕐 Commencez par la **Morgan Library & Museum** *(p. 41)* et sa somptueuse salle d'étude, puis poursuivez jusqu'à 42nd St et prenez vers l'est pour visiter **Grand Central Terminal** *(p. 123)*. Continuez vers l'est sur 42nd St en vous arrêtant dans les splendides halls du **Chrysler Building** *(p. 123)*, du **Daily News Building** et de la **Ford Foundation**, et montez les marches pour voir **Tudor City** *(p. 127)*.

Terminez par une visite guidée des **United Nations Headquarters**. Si vous réservez, vous pourrez déjeuner dans la salle de restaurant des délégués onusiens, en face du musée (212 963 7625).

L'après-midi

Prenez le bus sur 42nd St pour revenir sur 5th Ave et visiter la **New York Public Library**. Remontez vers le nord jusqu'à 47th St et prenez à l'ouest vers le **Diamond District**, puis entrez dans le **NY Paley Center for Media** *(p. 128)* sur 52nd St, entre 5th et 6th Aves. Jetez un coup d'œil au nouvel **American Museum of Folk Art** *(p. 128)* et faites une pause dans le café du musée avant de découvrir les expositions d'art traditionnel.

Retournez sur 5th Ave pour admirer les vitrines de **Tiffany's and Company** *(p. 10)*, de **Bergdorf Goodman** *(p. 10)* et de **FAO Schwarz** *(p. 66)*. Terminez la journée au Pen-Top Bar du Peninsula Hotel *(p. 54)* qui offre des vues superbes sur Central Park.

Gauche **H&M** Centre **Henri Bendel** Droite **Niketown**

⟨TOP 10⟩ Shopping

1 Grands magasins
Des trésors de superbes vêtements vous attendent dans des établissements comme Bergdorf Goodman, Saks Fifth Avenue, Lord & Taylor et Bloomingdale's. ✆ *5th Ave, entre 38th et 58th Sts • plan K3-H3.*

2 H&M
Navire amiral de la chaîne suédoise, réputée pour sa mode jeune et ses tout petits prix *(p. 65)*. ✆ *5th Ave et 51st St • plan J3.*

3 Henri Bendel
L'un des plus beaux magasins de la ville. Grand choix de pièces de couturiers et de produits cosmétiques *(p. 64)*. ✆ *712 5th Ave et 55th St • plan H3.*

4 Takashimaya
Superbe antenne new-yorkaise d'un grand magasin japonais. Mode raffinée, accessoires pour la maison et œuvres d'art *(p. 64)*. ✆ *693 5th Ave, entre 54th et 55th Sts • plan H3.*

5 FA.O. Schwarz
Des Ferrari électriques ou à pédales aux peluches douces et géantes, vous allez vraiment regretter de ne plus être un enfant dans ce magasin de jouets *(p. 66)*. ✆ *767 5th Ave et 58th St • plan H3.*

6 Museum of Modern Art Design Shop
Lampes, meubles, jouets, bijoux et posters – tout ce qui se trouve ici est à la pointe du design. ✆ *44 West 53rd St, entre 5th et 6th Aves • plan J3.*

7 Couturiers
Beaucoup de couturiers sont partis vers le nord, mais 57th Street – entre Fifth et Madison – reste impressionnante. On y trouve notamment Burberry, Hermès, Chanel et Dior. Prada se situe au 724 Fifth Ave. ✆ *57th St, entre 5th et Madison Aves • plan H4.*

8 Fortunoff's
Si Tiffany's est au-dessus de vos moyens, ce bijoutier pratique des prix plus raisonnables. ✆ *3 West 57th St et 5th Ave • plan H3.*

9 Niketown
Dans ce paradis commercial high-tech, tout est là pour vous inciter à acheter chaussures et vêtements de la célèbre marque. ✆ *6 East 57th St, entre 5th et Madison Aves • plan H4.*

10 Trump Tower
Même si vous n'y achetez rien, le lieu mérite le coup d'œil. Allez admirer les cascades de marbre rose de cette galerie démesurée remplie de boutiques de luxe. ✆ *725 5th Ave et 56th St • plan H3.*

Gauche **Ford Foundation** Centre **Lever House** Droite **Tudor City**

🔟 Architecture de Midtown

1 Lever House
Cet immeuble de verre et d'acier de 24 étages fut la première « tour de verre » de New York (p. 44). ⦿ 390 Park Ave • plan H4 • ouv. horaires de bureau.

2 General Electric Building
Un fleuron des Arts déco, de son atrium tout de chrome et de marbre jusqu'à son sommet évoquant les ondes hertziennes. ⦿ 570 Lexington Ave • plan H4 • fermé au public.

3 Chanin Building
L'un des premiers gratte-ciel Arts déco (vers 1929). Une frise en terre cuite et en bronze illustre la théorie de l'évolution. ⦿ 122 East 42nd St • plan K4 • ouv. horaires de bureau.

4 Daily News Building
Le Daily News a bien changé, mais son immeuble Arts déco (1930) reste un classique. Admirez l'énorme globe en rotation dans le hall. ⦿ 220 East 42nd St et 2nd Ave • plan K4 • ouv. horaires de bureau.

5 Ford Foundation
L'un des immeubles modernes (1967) les mieux conçus de la ville. Tous les bureaux donnent sur un atrium à ciel ouvert. ⦿ 320 East 43rd St et 1st Ave • plan J4 • ouv. horaires de bureau.

6 Fred F. French Building
Un immeuble opulent, construit en 1927 pour la société immobilière la plus connue de l'époque. ⦿ 551 5th Ave • plan J3 • ouv. horaires de bureau.

7 Tudor City
Une enclave style Tudor créée par Fred F. French dans l'intention de prouver qu'il était possible de loger les classes moyennes à Midtown. ⦿ Entre 1st et 2nd Aves, et 40th et 43rd Sts • plan J4-K4 • ouv. horaires de bureau.

8 NY Yacht Club
Ses fenêtres (1899) sont les poupes de navires voguant sur une mer de vagues sculptées. ⦿ 37 West 44th St et 5th Ave • plan J3 • fermé au public.

9 American Standard Building
Le premier gratte-ciel de Raymond Hood (1924) abrite un hôtel. ⦿ 40 West 40th St • plan K3 • ouv. horaires de bureau.

10 Condé Nast Building
Cet immeuble étonnant (1999) respecte la protection de l'environnement : il est équipé de cellules photovoltaïques en façade et de vide-ordures de recyclage. ⦿ 4 Times Sq • plan J3 • ouv. horaires de bureau.

Autres monuments historiques de New York p. 46-47

Gauche **Morgan Library** Centre **NY Paley Center for Media** Droite **New York Public Library**

Musées de Midtown

Morgan Library & Museum
Ce musée abrite une collection privée de livres rares, gravures et manuscrits. Il a rouvert ses portes en 2006 après des travaux d'agrandissement *(p. 41)*. ✆ *225 Madison Ave et 36th St • plan K4 • EP.*

Museum of Modern Art
Rouvert en 2005 suite à une importante rénovation, le nouveau bâtiment est à la hauteur de sa formidable collection *(p. 40)*. ✆ *11 West 53rd St et 5th Ave • plan H3.*

American Museum of Folk Art
Le nouveau musée a quadruplé l'espace consacré à cette vaste collection d'art populaire. ✆ *45 West 53rd St • plan H3 • ouv. mar.-dim. 10h30-17h30 (ven. 10h30-19h30) • EP.*

Museum of Arts and Design
La collection permanente remonte à 1900 et comprend 2 000 objets artisanaux. ✆ *2 Colombus Circle • plan H3 • ouv. ven.-mer. 10h-18h (jeu. 10h-20h) • EP.*

International Center of Photography
Deux étages de rétrospectives et d'expositions temporaires. ✆ *1133 6th Ave • plan J3 • ouv. mar.-jeu. 10h-18h ; ven. 10h-20h ; sam.-dim. 10h-18h • EP.*

NY Paley Center for Media
Regardez vos programmes préférés parmi un catalogue de plus de 60 000 émissions de radio et de télévision. Expositions et rétrospectives. ✆ *25 West 52nd St, entre 5th et 6th Aves • plan J3 • ouv. mar., mer. et ven.-dim. 12h-18h, jeu. 12h-20h • www.mtr.org • EP.*

Transit Museum Gallery Annex
Exposition de documents et d'objets du Brooklyn Museum. ✆ *Shuttle passage, Grand Central Terminal • plan K3 • ouv. lun.-ven. 8h-20h, sam.-dim. 10h-18h • EG.*

New York Public Library Galleries
Manuscrits rares, peintures et expositions temporaires. ✆ *5th Ave et 42nd St • plan K3 • ouv. mar.-mer. 11h-18h, jeu.-sam. 10h-18h • EG.*

Sculpture Garden at 590 Madison
L'atrium de verre très zen de l'immeuble IBM reçoit des expositions de sculpture. ✆ *590 Madison Ave et 57th St • plan J3 • EG.*

Municipal Art Society Galleries
Expositions dédiées à l'architecture et aux environs de la ville. ✆ *457 Madison Ave • plan J4 • ouv. lun.-mar. et ven.-sam. 10h-18h (mer. 20h), dim. 11h-17h • EG.*

Autres musées de New York p. 40-41

Catégories de prix

Pour un repas avec
entrée, plat, dessert **$** moins de 25 $
et un verre de vin, **$$** de 25 $ à 50 $
taxes et service **$$$** de 50 $ à 80 $
compris. **$$$$** plus de 80 $

Gauche **Grand Central Oyster Bar and Restaurant** Droite **Le Colonial**

TOP10 Restaurants

1 Four Seasons
Institution new-yorkaise primée, dotée d'un décor exceptionnel. On y croise souvent des célébrités *(p. 69)*.
🐾 *99 East 52nd St et Park Ave
• plan J4 • 212 754 9494 • $$$.*

2 Le Bernardin
Le summum de la cuisine de la mer. Le poisson y est décliné sous toutes ses formes *(p. 69)*.
🐾 *155 West 51st St et 6th Ave • plan J3
• 212 489 1515 • $$$$.*

3 Blue Fin
Un incontournable dans le quartier. Le menu de ce restaurant est dédié aux fruits de mer et propose même des sushis.
🐾 *1567 Broadway et 47th St • plan J3
• 212 918 1400 • $$$.*

4 Whole Foods Café
Une cafétéria où vous pourrez choisir sur le buffet parmi un large choix de plats frais préparés. Difficile parfois de trouver une table. 🐾 *Au sous-sol du Time Warner Center, 10 Colombus Circle, 60th St et Broadway • plan H2 • 212 823 9600 • $.*

5 Le Colonial
Décor chargé inspiré du Saigon des années 1930. Cuisine franco-vietnamienne riche, tout en contrastes et en mariages délicats. Après dîner, prenez un verre dans le *lounge* à l'étage. 🐾 *149 East 57th St et Lexington Ave • plan H4
• 212 752 0808 • $$$.*

6 Osteria del Circo
Les fils du propriétaire du restaurant Le Cirque ont créé leur propre univers, et proposent une cuisine toscane tradition-nelle. 🐾 *120 West 55th St et 6th Ave
• plan H3 • 212 265 3636 • $$$.*

7 Grand Central Oyster Bar and Restaurant
Ce restaurant très couru et toujours animé ne sert que des fruits de mer, d'une fraîcheur exceptionnelle. Une institution new-yorkaise. 🐾 *Grand Central Terminal, niveau inférieur, 42nd St et Lexington Ave • plan K4
• 212 490 6650 • $$.*

8 Brasserie
Lieu high-tech et épuré. La carte propose des classiques de bistrot, mais aussi des plats français et sud-américains.
🐾 *100 East 53rd St et Lexington Ave
• plan J4 • 212 751 4840 • $$.*

9 L'Impero
Un excellent restaurant italien caché dans Tudor City. Salle confortable, délicieux menu à prix fixe, grande variété de desserts et service agréable.
🐾 *45 Tudor City Place • plan J5
• 212 559 5045 • $$$.*

10 La Bonne Soupe
Un charmant bistrot français dans le quartier des théâtres. Idéal pour dîner après un spectacle (menu à partir de 14 €). 🐾 *48 West 55th St, entre 5th et 6th Aves • plan H3 • 212 586 7650 • $$.*

Remarque : sauf indication contraire, tous les restaurants acceptent les cartes de paiement et proposent des plats végétariens.

Gauche **Roosevelt Island** Droite **Promenade au bord de l'eau, Carl Schurz Park**

Upper East Side

Il y a un siècle, l'aristocratie new-yorkaise remonta vers le nord pour s'installer à Upper East Side, qui est aujourd'hui encore le quartier de prédilection de bien des familles aisées. Si, désormais, la plupart des hôtels particuliers Beaux-Arts de Fifth Avenue sont occupés par des ambassades ou des musées, les nantis vivent dans ses immeubles et ceux de Park Avenue, à deux pas des boutiques de Madison, la rue commerçante la plus chic de la ville. De German Yorkville ou des quartiers hongrois et tchèques à l'est de Lexington, il ne reste que quelques églises et restaurants. Les jeunes investissent aujourd'hui les immeubles neufs du quartier. Upper East Side accueille quelques-uns des plus beaux musées de la ville.

Mount Vernon

🔟 Les sites

1. Central Park
2. Metropolitan Museum of Art
3. Solomon R. Guggenheim Museum
4. Museum Mile
5. Bridgemarket
6. Roosevelt Island
7. Seventh Regiment Armory
8. Henderson Place Historic District
9. Gracie Mansion et Carl Schurz Park
10. Mount Vernon Hotel Museum and Gardens

Double page précédente **Patineurs à Central Park**

Central Park
Cette oasis de verdure, de détente et de beauté de 340 ha accueille chaque année plus de 2 millions de promeneurs *(p. 26-27)*.

Metropolitan Museum of Art
Ce gigantesque musée embrasse 5 000 ans de culture mondiale *(p. 28-31)*.

Solomon R. Guggenheim Museum
Remarquable collection d'art moderne installée dans le seul immeuble de Frank Lloyd Wright à New York *(p. 32-33)*.

Museum Mile
Ce secteur abrite à lui seul 9 musées. Parmi eux, le Metropolitan Museum of Art, la National Academy of Fine Arts, le Cooper-Hewitt National Design Museum, le Solomon R. Guggenheim Museum, le Jewish Museum, la Neue Gallery for German and Austrian Art, le Museum of the City of New York *(p. 41)* et El Museo del Barrio. Journée portes ouvertes en juin. ◈ *5th Ave, entre 82nd et 104th Sts • plan F4-D • horaires variables.*

Bridgemarket
Le Britannique sir Terence Conran fut l'un des principaux acteurs de la création de cet espace aux allures de cathédrale, sous le pont de 59th St. Les voûtes spectaculaires sont de Rafael Guastavino, un architecte espagnol réputé pour ses décors de céramiques catalanes. On y trouve un restaurant, le marché Food Emporium, le Conran Shop (décoration intérieure haut de gamme) et un espace public. Le complexe est à l'origine du renouveau du quartier. ◈ *59th St, entre 1st Ave et York Ave • plan H5.*

Gauche **Museum of the City of New York** Droite **Bridgemarket**

Top 10 musées de New York **p. 40-41**

133

6 Roosevelt Island

Quatre minutes de téléphérique suffisent pour atteindre l'ancienne Welfare Island. Cette île de 60 ha sur East River abrita une prison, un hospice et un asile avant d'être rebaptisée et réaménagée dans les années 1970 selon les plans de Philip Johnson et John Burgee. Leur objectif était de créer une communauté résidentielle sans voitures, ou presque. Leur projet n'a pas totalement abouti, mais plus de 3 000 appartements ont été construits. Seul un pont venant du Queens permet d'y accéder en voiture. ✆ *Téléphérique toutes les 15 min au départ de Tram Plaza, 2nd Ave et 59th St • plan H5.*

7 Seventh Regiment Armory

Les élites qui composèrent le Seventh Regiment, créé en 1806, construisirent une remarquable armurerie (1877-1889), avec une salle d'exercice de 5 400 m² sur 30 m de haut, et un bâtiment administratif aux allures de forteresse médiévale. La décoration intérieure de Louis Comfort Tiffany et Stanford White, entre autres, offre d'opulentes salles au luxueux mobilier victorien. La salle d'exercice accueille le prestigieux Winter Antiques Show en janvier et de

St. Nicholas Russian Orthodox Cathedral

Ce surprenant coin de Russie (15 East 97th St) fut construit en 1902 dans le style baroque moscovite, avec une façade en brique rouge, en pierre blanche et en céramiques bleu et jaune. L'intérieur abrite des colonnes de marbre et un autel entouré de paravents en bois incrustés d'or. La messe y est dite en russe.

nombreux bals de charité. La rénovation en cours (150 millions de dollars) va transformer l'Armory en centre culturel. ✆ *643 Park Ave et 66th St • plan G4 • 212 616-3930 • tél. pour les horaires.*

8 Henderson Place Historic District

Construites en 1881 par le promoteur John C. Henderson pour des « personnes à revenus moyens », ces charmantes maisons style Queen Anne en brique et en pierre sont ornées de travées, de pignons, de lucarnes et de toits d'ardoises. Chaque façade était conçue comme un ensemble avec de petites tours à chaque extrémité. Elles restèrent dans la famille Henderson jusqu'au XXᵉ s. Il n'en reste que 24 sur les 32 d'origine. Uniques dans la ville, elles sont aujourd'hui très recherchées. ✆ *East End Ave, entre 86th et 87th Sts • plan F5.*

Gauche **Seventh Regiment Armory** Droite **Henderson Place Historic District**

9 Gracie Mansion et Carl Schurz Park

La demeure en bois, ornée de balcons, construite par le marchand Archibald Gracie (1799) accueillait le Museum of the City of New York avant de devenir la résidence officielle du maire en 1942, à l'époque de Fiorello La Guardia. Elle est située à l'extrémité nord du parc créé en 1891, qui porte le nom d'un important homme d'État, éditeur de presse ayant vécu dans le quartier. Une large promenade y longe East River. ✪ East End Ave et 88th St • plan E5 • 212 570-4751 • ouv. avr.-mi-nov. ; vis. guid. à 10h, 11h, 13h et 14h ; mer. pour les visites organisées • EP.

10 Mount Vernon Hotel Museum and Gardens

Cette ancienne écurie en pierre d'une propriété de 1799 est l'un des rares vestiges du vieux New York. Après l'incendie qui ravagea la maison en 1826, l'écurie fut transformée en auberge à la mode pour les New-Yorkais en quête de ce qui était alors encore un coin de campagne. Le bâtiment et le jardin ont été restaurés par les Colonial Dames of America et décorés d'objets anciens. Des guides vous raconteront l'histoire exceptionnelle de ce site. ✪ 421 East 61st St • plan H5 • ouv. mar.-dim. 11h-16h ; ferm. août et j.f. • www.mvhm.org • EP.

Journée à Upper East Side

Le matin

⏱ Commencez au **Guggenheim** (p. 32-33) et admirez le chef-d'œuvre architectural de Frank Lloyd Wright avant de découvrir la superbe collection d'art moderne. Ne manquez pas *Paris par la fenêtre* de Chagall, *Nu* de Modigliani et *La Repasseuse* de Picasso. Faites une pause au café du rez-de-chaussée avant de repartir.

Vers l'est, sur 92nd St, vous verrez 2 maisons en bois au n° 120 (1859) et au n° 122 (1871). Poursuivez vers l'est jusqu'à **Gracie Mansion** et **Henderson Place**, et reposez-vous sur un banc face à la mer dans **Carl Schurz Park**. Un *block* à l'ouest sur York Ave, le bus n° 31 vous conduira jusqu'au spectaculaire **Bridgemarket** (p. 133). Déjeunez chez **Daniel** (p. 137), un élégant restaurant français.

L'après-midi

Sur 57th St, prenez le bus pour revenir sur Madison Ave et dirigez-vous vers le nord en flânant devant les boutiques de couturiers. Jetez un coup d'œil à la **Frick Collection** (p. 40), puis faites une halte dans l'un des cafés de Madison Ave.

Consacrez le reste de l'après-midi au fabuleux **Metropolitan Museum of Art** (p. 28-31). Ne manquez pas l'*Autoportrait* de Rembrandt, *Les Cyprès* de Van Gogh et les croquis de Michel-Ange pour la chapelle Sixtine. Terminez la journée par un repas aux chandelles chez **Erminia** (p. 137).

Gauche **Giorgio Armani** Droite **Yves Saint Laurent**

TOP 10 Madison Avenue

1 Bottega Veneta
La première des nombreuses boutiques du nord de Madison Ave est réputée pour ses cuirs, ses chaussures et sa mode. Le grand luxe. ✆ *635 Madison Ave, entre 59th et 60th Sts • plan H4.*

2 Shanghai Tang
Dans une maison haute en couleur, la fameuse enseigne de Hong Kong vend des vêtements et des meubles de luxe. ✆ *714 Madison Ave, entre 63rd et 64th Sts • plan H4.*

3 Valentino
Le couturier des gens riches et célèbres. Ses robes sont souvent à l'honneur lors de la cérémonie des Oscars. ✆ *743 Madison Ave et 65th St • plan G4.*

4 Giorgio Armani
Dans sa vitrine new-yorkaise, le maître italien, réputé pour ses superbes coupes, présente un bel échantillon de sa collection. ✆ *760 Madison Ave et 65th St • plan G4.*

5 BCBG Max Azri
« Bon chic, bon genre », tel est le mot d'ordre de ce couturier branché. Les jeunes stars de Hollywood adorent sa mode sexy. ✆ *770 Madison Ave et 66th St • plan G4.*

6 Tom Ford
Sur deux niveaux, costumes 3 pièces, vestes d'intérieur et chemises chic déclinées en 350 couleurs. La boutique propose aussi des costumes sur mesure et un service de shopping personnalisé. ✆ *646 West 131st St et 12th Ave • plan B1.*

7 Dolce & Gabbana
Venez voir les célébrités défiler dans ce temple du chic italien, rouvert en 2007 après diverses rénovations. ✆ *825 Madison Ave, entre 67th et 68th Sts • plan G4.*

8 DKNY
Les collections sobres et élégantes de Donna Karan se prêtent à toutes les occasions. ✆ *655 Madison Ave et 60th St • plan H4.*

9 Yves Saint Laurent
L'esprit du couturier légendaire plane ici, avec un clin d'œil en direction des jeunes. ✆ *855-59 Madison Ave, entre 70th et 71st Sts • plan G4.*

10 Ralph Lauren
La Rhinelander Mansion de 1898 sert de décor aux créations de ce roi de la mode B.C.B.G. La rénovation de l'hôtel particulier coûta 14 millions de dollars. La ligne sport se trouve dans une boutique en face. ✆ *867 Madison Ave et 72nd St • plan G4.*

(carte) M 77th St · ⑨ ⑩ · ⑦ ⑥ · 68th St M Hunter College · ③ ⑧⑤ · ④ ②M Lexington Av · Fifth Av M · ① M 59th St

⮕ *Autres boutiques de New York* **p. 165**

Visiter New York – Upper East Side

Catégories de prix

Pour un repas avec
entrée, plat, dessert | **$** moins de 25 $
et un verre de vin, | **$$** de 25 $ à 50 $
taxes et service | **$$$** de 50 $ à 80 $
compris. | **$$$$** plus de 80 $

Gauche **Daniel** Droite **Orsay**

10 Restaurants

1 Daniel
Une salle fleurie et de superbes menus saisonniers signés Daniel Boulud *(p. 68)*. ✆ *60 East 65th St et Park Ave • plan G4 • 212 288 0033 • $$$$.*

2 Ottomanelli New York Grill
Ce restaurant italien, qui fait également grill, sert une nourriture délicieuse à des prix avantageux. Légers défauts, la salle est petite et l'ambiance peu chaleureuse. ✆ *1424 Lexington Ave et East 93rd St • plan E4 • 212 426 6886 • $$.*

3 Payard Bistro
Excellente cuisine française de François Payard. On y sert aussi des pâtisseries le matin, du thé et de légers snacks l'après-midi. ✆ *1032 Lexington Ave et 77th St • plan F4 • 212 717 5252 • $$$.*

4 Café Boulud
Depuis l'ouverture du Daniel *(plus haut)*, le premier restaurant de Boulud est plus décontracté, mais la carte reste consistante. En été, les tables en terrasse sont parfaites pour dîner non loin de Museum Mile. ✆ *20 East 76th St et 5th Ave • plan G4 • 212 772 2600 • $$$.*

5 David Burke & Donatella
Lieu étonnant composé d'une suite de salles et d'un bar magnifique. Le chef David Burke y sert une nouvelle cuisine américaine très créative. ✆ *133 East 61st St entre Lexington Ave et Park Ave • plan H4 • 212 813 2121 • $$$.*

6 Erminia
Minuscule restaurant italien très romantique, avec éclairage aux chandelles et poutres apparentes. Vous y dégusterez des plats classiques préparés avec soin. ✆ *150 East 83rd St, entre 2nd et 3rd Aves • plan F4 • 212 879 4284 • $$$.*

7 États-Unis
En dépit de son nom français, États-Unis propose une nouvelle cuisine américaine inventive. La carte change chaque jour. Clientèle d'habitués. ✆ *242 East 81st St, entre 2nd et 3rd Aves • plan F4 • 212 369 9928 • $$$.*

8 Orsay
Un café français chic. Cuisine de bistrot authentique. ✆ *1057-1059 Lexington Ave et 75th St • plan G4 • 212 517 6400 • $$$.*

9 Taste
Buffet dans la journée, ambiance sophistiquée le soir. Une carte des vins intéressante accompagne la nouvelle cuisine américaine basée sur les produits de saison. ✆ *1413 3rd Ave et 80th St • plan F4 • 212 717 9798 • $$.*

10 E. J.'s Luncheonette
Un lieu familial pour prendre d'excellents petits déjeuners typiques. Délicieux *pancakes*, muesli et fruits frais, servis toute la journée. ✆ *1271 3rd Ave et 73rd St • plan G4 • 212 472 0600 • pas de cartes de paiement • $.*

Remarque : sauf indication contraire, tous les restaurants acceptent les cartes de paiement et proposent des plats végétariens.

Gauche **Riverside Gardens** Droite **Immeubles d'habitation**

Upper West Side

Ce quartier n'a commencé à se développer que dans les années 1870, lorsque le métro aérien de 9th Avenue en facilita l'accès. Le Dakota, premier immeuble d'habitation de luxe de la ville, y fut construit en 1884. D'autres suivirent sur Central Park West et Broadway, et les rues adjacentes se bordèrent de beaux brownstones. West Side est le quartier des intellectuels, où l'on trouve les plus beaux exemples d'architecture résidentielle. La construction du Lincoln Center dans les années 1950 créa une nouvelle dynamique dans un quartier agréable qui accueille également l'American Museum of Natural History.

Masque, Museum of Natural History

🔟 Les sites

1. **American Museum of Natural History**
2. **Lincoln Center for the Performing Arts**
3. **New-York Historical Society**
4. **Columbus Circle**
5. **Pomander Walk**
6. **Riverside Park**
7. **Riverside Drive/West End Historic District**
8. **Children's Museum of Manhattan**
9. **Zabar's**
10. **Green Flea Market/ 77th St Flea Market**

American Museum of Natural History

Cet immense Muséum d'histoire naturelle possède 32 millions de pièces *(p. 34-37)*.

Lincoln Center for the Performing Arts

Construit dans les années 1950 sur 6 ha de marécages, ce gigantesque centre culturel réunit le Metropolitan Opera, le New York City Opera and Ballet, le New York Philarmonic, les théâtres Lincoln Center et Walter Reade, l'Avery Fischer Hall et l'Alice Tully Hall, et la Julliard School. En été, il accueille le festival Mostly Mozart, très prisé : le parvis de la fontaine se change en piste de danse, et des concerts gratuits ont lieu dans le parc voisin *(p. 50)*. Depuis octobre 2004, Jazz at Lincoln Center se produit au Time Warner Center à Columbus Circle. ◈ *De Columbus à Amsterdam Aves, entre 62nd et 66th Sts • plan G2 • vis. guid. t.l.j. à 10h30, 12h30, 14h30 et 16h30 • EP.*

New-York Historical Society

Fondé en 1804, le plus ancien musée de New York a installé une grande partie de sa vaste collection au 3e étage du Henry Luce III Center. Les 40 000 objets exposés sont regroupés en sections : peinture, sculpture, mobilier, argenterie, outils, et une formidable collection de lampes Tiffany. Les autres galeries accueillent des expositions temporaires ainsi qu'une bilbiothèque. ◈ *2 West 77th St et Central Park West • plan G2 • ouv. mar.-sam. 10h-18h (ven. 20h), dim. 11h-17h45 ; bibliothèque : mar.-sam. 10h-17h (en été : mar.-ven.) • www.nyhistory.org • EP.*

Columbus Circle

Grâce à l'un des plus grands projets d'urbanisme de l'histoire de la ville, cette place est en passe de devenir un important lieu public. Le renouveau a attiré de nombreuses firmes, comme Time Warner, qui occupe un gratte-ciel de 80 étages abritant des boutiques, des restaurants et l'hôtel Mandarin Oriental. La tour accueille également la troupe Jazz at Lincoln Center. Columbus Circle rassemble d'autres édifices remarquables, tels Hearst House, Trump International Hotel et Maine Monument. ◈ *Columbus Circle • plan H2.*

Lincoln Center for the Performing Arts

Pomander Walk

Cette double rangée de petites maisons de style Tudor en bois, en brique et en stuc, cachée dans une rue privée, fait partie des délicieuses surprises que réserve Manhattan. Le promoteur, un restaurateur du nom de Thomas Healy, s'inspira en 1921 du décor d'une pièce de Lewis Parker baptisée *Pomander Walk*, espérant recréer son atmosphère villageoise. Gloria Swanson, Rosalind Russell et Humphrey Bogart y résidèrent.
◈ *261-267 West 94th St, entre Broadway et West End Ave • plan E2.*

Riverside Park

Autre création du paysagiste de génie Frederick Law Olmsted, cette bande de verdure boisée et vallonnée (1873) épouse les courbes de Riverside Drive sur 70 *blocks*, masquant la ligne de chemin de fer désaffectée en contrebas. Les terrains de jeux et de sport, la promenade et les monuments furent aménagés ultérieurement. L'impressionnant monument aux soldats et aux marins de 89th St – dédié aux victimes de la guerre de Sécession – fut érigé en marbre en 1902 sur le modèle du monument de Lysicrates à Athènes. ◈ *Riverside Drive, 72nd à 155th Sts • plan C1 • ouv. t.l.j. 6h-13h • EG.*

Monument aux soldats et aux marins

Riverside Drive/ West End Historic District

Une promenade dans le quartier vous fera découvrir les maisons de la fin du XIXe s. typiques d'Upper West Side. West 88th St en offre de beaux exemples. Les premières, les nᵒˢ 267-271, datent de 1884. Les nᵒˢ 302-338, du début des années 1890, ont des pignons et des briques romaines. Les nᵒˢ 315-323 (vers 1896) ont des façades arquées en pierre brune ou blanche. Au 346 West 89th St, la Yeshiva Ketana School, créée en 1901 par Herts and Tallant, occupe l'un des deux hôtels particuliers de Riverside Drive existant encore. ◈ *Entre Riverside Drive et West End Ave, 85th et 95th Sts • plan E1.*

Children's Museum of Manhattan

Fondé en 1973 dans une ancienne école, ce musée a fait sien le principe selon lequel les

Façade de maison dans Pomander Walk

L'architecture d'Upper West Side

Les rues adjacentes d'Upper West Side sont bordées de *brownstones*. Au XIXe s., les classes moyennes affectionnaient ces étroits immeubles de 3 ou 4 étages en grès brun, dans lesquels les logements étaient bon marché. Un perron mène à la porte d'entrée.

enfants apprennent mieux par l'expérimentation. Un ensemble d'activités interactives et d'environnements imaginaires leur proposent donc de s'instruire en s'amusant. La rénovation du Tisch Building – le nom sous lequel est connu le musée – aura coûté 6,5 millions de dollars. Expositions pour les plus grands et lieu d'éveil pour les moins de 4 ans (World Play) [p. 66]. ◈ 212 West 83rd St et Broadway • plan F2 • ouv. sept.-juin : mer.-dim. 11h-17h ; juil.-août : mar.-dim. 10h-17h • EP.

Zabar's

Les New-Yorkais sont des gourmets. Cette épicerie fine – une institution depuis 1934 – est toujours bondée. On y trouve du saumon fumé, de l'esturgeon et autres spécialités juives, du café et des fromages, de superbes pains, des desserts, et un grand choix d'huiles, de vinaigres et de paniers gourmands. L'étage est rempli d'ustensiles de cuisine. Vous pourrez savourer de délicieuses pâtisseries au comptoir à l'angle de la 80th St. ◈ 2245 Broadway et 80th St • plan F2.

Green Flea Market/ 77th St Flea Market

Les amateurs de brocante se précipitent tous les dimanches dans cette cour d'école, à la recherche de trésors parmi les piles de vêtements, d'objets d'artisanat, de livres, de bijoux, de gravures et autres objets anciens. On y trouve aussi des articles neufs sans charme particulier (chaussettes, tee-shirts, etc.). Certains jours, près de 300 vendeurs occupent les lieux, qu'ils partagent avec un marché de produits frais. ◈ I. S. 44, 77th St et Columbus Ave • plan F2.

Journée à West Side

Le matin

Commencez par le **Lincoln Center** (p. 139) et admirez le parvis, les peintures de Chagall au Metropolitan Opera et la statue de Henry Moore devant le Lincoln Center Theater. Sur Amsterdam Ave, derrière le théâtre, la New York Public Library for the Performing Arts est réputée pour son impressionnante collection d'ouvrages sur les arts du spectacle.

Remontez Broadway en faisant du lèche-vitrines et en admirant quelques beaux immeubles – **Apthorp Apartments** (p. 142) et **Ansonia Hotel** (p. 142) –, ainsi que les temples de la gastronomie de West Side – Fairway, au niveau de 75th St, et Zabar's (ci-contre). Presque toutes les rues adjacentes sont bordées des *brownstones* qui font la réputation du quartier. Puis prenez vers l'est en direction de Columbus Ave et allez manger cubain à la **Calle Ocho** (p. 143).

L'après-midi

Vous pouvez passer tout l'après-midi à l'**American Museum of Natural History** (p. 34-37), à moins que vous ne vouliez jeter un coup d'œil à l'étonnante exposition de **New-York Historical Society** (p. 139).

Descendez Central Park West en admirant ses **immeubles d'habitation** (p. 142), puis rendez-vous à **Central Park** (p. 26-27). Faites un tour en barque sur le lac ou laissez-vous promener en gondole avant de terminer l'après-midi par un rafraîchissement au Loeb Boathouse.

Gauche **Détail, Dakota** Centre gauche **Balcon, Dorilton** Centre droite **San Remo** Droite **Hôtel des Artistes**

🔟 Immeubles d'habitation

1 Dakota
En 1884, cet immeuble était situé tellement loin à l'ouest de la ville qu'il aurait aussi bien pu se trouver dans le Dakota. C'est là que John Lennon fut assassiné. ✎ *1 West 72nd St et Central Park West • plan G2 • fermé au public.*

2 Dorilton
Un des exemples les plus flamboyants du style Beaux-Arts (1902). Son portail est digne d'un palais. ✎ *171 West 71st St et Broadway • plan G2 • fermé au public.*

3 Ansonia Hotel
Les appartements de cet hôtel (1908) sont particulièrement bien insonorisés, ce qui attira dans ses murs nombre de musiciens de renom. ✎ *2109 Broadway, entre 73rd et 74th Sts • plan G2.*

4 Apthorp Apartments
Inspiré d'un palais Renaissance italien, cet immeuble de luxe (1908) cache une immense cour intérieure.
✎ *Broadway, entre 78th et 79th Sts • plan F2.*

5 Belnord
Le prix Nobel de littérature Isaac Bashevis Singer résida dans cet immeuble néo-Renaissance (1908) encore plus vaste que l'Apthorp.
✎ *225 West 86nd St et Amsterdam Ave • plan F2 • fermé au public.*

6 Majestic
Sur le premier des deux immeubles construits par Irwin Chanin en 1931 se dressent 2 des 4 tours qui dominent l'horizon de West Side.
✎ *115 Central Park West, entre 71st et 72nd Sts • plan G2 • fermé au public.*

7 Century
La seconde paire de tours jumelles d'Irwin Chanin est un fleuron des Arts déco. ✎ *25 Central Park West, entre 62nd et 63rd Sts • plan H2 • fermé au public.*

8 San Remo
Le chef-d'œuvre Arts déco d'Emery Roth (1930), une interprétation sophistiquée du style Renaissance. Ses tours jumelles abritent des citernes d'eau. ✎ *145-146 Central Park West, entre 74th et 75th Sts • plan G2 • fermé au public.*

9 Eldorado
Un autre immeuble Arts déco de Roth. ✎ *300 Central Park West • plan E2.*

🔟 Hôtel des Artistes
Construits en 1918 pour abriter des ateliers et des appartements d'artistes, ces vastes espaces sont aujourd'hui très convoités. ✎ *West 67th St, entre Central Park West et Columbus Ave • plan G2.*

➜ *Autres bâtiments historiques de New York p. 46-47*

Catégories de prix

Pour un repas avec
entrée, plat, dessert
et un verre de vin,
taxes et service
compris.

$ moins de 25 $
$$ de 25 à 50 $
$$$ de 50 à 80 $
$$$$ plus de 80 $

Gauche **Shun Lee Café** Droite **Rosa Mexicano**

ᴴᴼᴾ10 Restaurants

Jean Georges
Une des meilleures tables
de New York (p. 68). ◈ 1 Central
Park West, Trump International Hotel
• plan H2 • 212 299 3900 • $$$$.

Per Se
Mieux vaut s'y prendre à
l'avance pour goûter l'excellente
cuisine du chef Thomas Keller,
maintes fois louée par les
critiques gastronomiques (p. 69).
◈ Time Warner Center, Columbus Circle
• plan H2 • 212 823 9335 • $$$$.

Shun Lee Café
Le meilleur café de dim sum
au nord de Chinatown. ◈ 43 West
65th St et Columbus Ave • plan G2
• 212 769 3888 • $$.

Fiorello's Café
Le formidable buffet d'anti-
pasti mérite à lui seul le détour,
et les pizzas fines et autres
spécialités italiennes sont tout
aussi appétissantes. ◈ 1900
Broadway, entre 63rd et 64th Sts • plan
H2 • 212 595 5330 • $$.

Tavern on the Green
Un excellent restau-
rant qui propose une
cuisine américaine
moderne. La salle
offre une vue de
Central Park, et, en
été, on peut dîner
dans le jardin privatif.
◈ Central Park West et
67th St • plan G2 • 212
873 3200 • $$.

Gabriel's
Cuisine toscane raffinée et
salle stylée font le bonheur des
spectateurs du Lincoln Center.
◈ 11 West 60th St et Columbus Ave
• plan H2 • 212 956 4600 • $$$.

Rosa Mexicano
Antenne du grand restaurant
mexicain de New York réputé
pour son guacamole préparé à la
demande et ses margaritas
corsées. ◈ 61 Columbus Ave et 62nd
St • plan H2 • 212 977 7700 • $$$.

Café Luxembourg
Bistrot parisien classique,
clientèle branchée. ◈ 200 West
70th St et Amsterdam Ave • plan G2
• 212 873 7411 • $$$.

Calle Ocho
Le chef cubain y propose
tous les soirs des plats
modernes, inspirés de la cuisine
du Pérou à celle de Porto Rico.
◈ 446 Columbus Ave, entre 81st et
82nd Sts • plan F2 • 212 873 5025
• $$$.

Gennaro
Les fans
prétendent que ce
minuscule café sert
la meilleure cuisine
italienne d'Upper West
Side aux prix les plus
raisonnables. Attente
garantie. ◈ 665
Amsterdam Ave, entre 92nd
et 93rd Sts • plan E2 • 212
665 5348 • pas de cartes de
paiement • $$.

 Remarque : sauf indication contraire, tous les restaurants acceptent
les cartes de paiement et proposent des plats végétariens.

Visiter New York – Upper West Side

143

Gauche **Columbia University** Centre **Rosace, St. John the Divine** Droite **Musiciens des rues**

Morningside Heights et Harlem

Le quartier situé entre Morningside Park et Hudson River, de 110th à 125th Streets, est dominé par Columbia University et deux importantes églises. À l'est et au nord, Harlem accueille une population majoritairement afro-américaine. Dans les années 1880, le quartier fut relié à Midtown par le chemin de fer. Ses grandes maisons étaient alors occupées par des familles irlandaises, italiennes et juives, qui cédèrent la place à des familles noires dans les années 1920. La renaissance de Harlem, époque où les Blancs fréquentaient ses nightclubs pour écouter des musiciens noirs, prit fin avec la Dépression. Les récents projets qui ont redonné vie au quartier ont fait entrevoir l'espoir de sa seconde renaissance…

TOP 10 Les sites

1. Columbia University
2. Cathedral Church of St. John the Divine
3. Riverside Church
4. Hamilton Heights Historic District
5. St. Nicholas Historic District (Strivers' Row)
6. Abyssinian Baptist Church
7. Marcus Garvey Park
8. Studio Museum de Harlem
9. Schomburg Center for Research in Black Culture
10. Malcolm Shabazz Mosque/Harlem Market

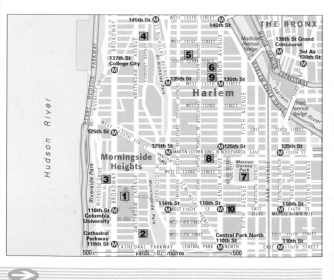

LIBRARY OF COLUMBIA UNIVERSITY

Columbia University

Fondé en 1754, l'ancien King's College est l'une des plus vieilles universités d'Amérique. Ses facultés de droit, de médecine et de journalisme sont réputées. En 1897, elle investit ce campus que Charles McKim dota de pelouses et d'esplanades en retrait de la rue. On remarquera la Low Library de McKim (1898), ainsi que la St. Paul's Chapel et ses trois vitraux de La Farge.
✪ *West 116th St et Broadway*
• *www.columbia.edu* • *plan C3.*

Cathedral Church of St. John the Divine

Commencée en 1892, la cathédrale de New York – la plus grande du monde – reste inachevée. Longue de 180 m et large de 45 m, elle mêle les styles roman et gothique. Le portail occidental, la grande rosace, les autels latéraux et la Peace Fountain, au sud, sont remarquables. Les méthodes médiévales de taille de la pierre utilisées pour sa construction sont enseignées aux jeunes défavorisés *(p. 46)*.
✪ *1047 Amsterdam Ave et 112th St* • *plan C3* • *ouv. lun.-sam. 7h-18h, dim. 7h-19h (juil.-août : 13h-18h)* • *www.stjohndivine.org* • *EG.*

Riverside Church

Cette église gratte-ciel gothique, inspirée de la cathédrale de Chartres, fut financée par John D. Rockefeller Jr. en 1930. Sa tour de 21 étages, d'où la vue sur Hudson River est formidable, abrite le plus grand carillon du monde, dédié à la mère de Rockefeller. Les magnifiques vitraux sont des copies de ceux de Chartres, à quelques superbes exceptions près : les vitraux flamands du début du XVIe s. sur le mur oriental. ✪ *490 Riverside Drive et 122nd St* • *plan C1* • *ouv. t.l.j. 7h-22h* • *www.theriversidechurchny.org.*

Hamilton Heights Historic District

Ce quartier faisait jadis partie de riches domaines champêtres, dont Hamilton Grange, la maison d'Alexander Grange (1802). Perché sur une colline surplombant Harlem, il devint prisé dans les années 1880 lors de l'inauguration du métro aérien. De belles résidences apparurent entre 1886 et 1906. Dans les années 1920 et 1930, le quartier attira l'élite de Harlem, ce qui lui valut le surnom de Sugar Hill (« colline sucrière »). Les musiciens Count Basie, Duke Ellington et Cab Calloway comptent parmi ses illustres habitants. ✪ *West 141st St à West 145th St* • *plan A2.*

Riverside Church

5 St Nicholas Historic District (Strivers' Row)

Ces belles maisons, baptisées à l'origine « King Model Houses », furent construites en 1891, quand Harlem était un quartier bourgeois. Trois architectes, dont le cabinet McKim, Mead and White, réalisèrent un mariage harmonieux de styles Renaissance, géorgien et victorien. Les riches Afro-Américains s'y installèrent dans les années 1920 et 1930, ce qui lui valut le surnom de Strivers' Row (« allée des lutteurs »). ✆ 202-250 Odell Clark Place, entre 7th et 8th Aves • plan A3.

6 Abyssinian Baptist Church

L'une des églises afro-américaines les plus anciennes et les plus influentes d'Amérique fut créée en 1808 en signe de protestation contre la ségrégation au sein de l'Église baptiste. Des pasteurs, comme Adam Clayton Powell Jr., firent entrer la congrégation en politique. Aujourd'hui, la magnifique chorale de gospel du dimanche attire les foules. ✆ 132 Odell Clark Place, entre 7th et Lenox Aves • plan A3 • www.abyssinian. org • messes le dim. à 9h et 11h.

7 Marcus Garvey Park

Marcus Garvey, originaire de Jamaïque, prônait le retour des Noirs à leurs racines africaines, et devint un des héros du mouvement Black Pride. Le parc Mount Morris fut rebaptisé en son honneur en 1973. Il borde le Mount Morris Historical District, aux belles maisons de style victorien, témoins d'une époque prospère révolue, où les habitants étaient majoritairement des juifs allemands. Dans les années 1920, lorsque Harlem se peupla d'Afro-Américains, la plupart des synagogues furent reconverties en églises et les maisons furent divisées. ✆ West 120th à West 124th Sts, entre Lenox et 5th Ave • plan B3.

8 Studio Museum de Harlem

Créée en 1967 pour être un atelier d'artistes, cette structure s'est développée jusqu'à devenir un vaste lieu d'accueil pour la communauté artistique noire. Une banque fit don du terrain sur lequel l'immeuble actuel fut construit et ouvrit ses portes en 1982. Des travaux d'agrandissement ont doté le musée de nouveaux espaces d'exposition, d'un grand jardin de sculptures, d'un auditorium et d'un café.

Studio Museum, Harlem

Harlem Market

🔖 144 West 125th St, entre 7th et Lenox Aves • plan B3 • ouv. mer.-ven. et dim. 12h-18h, sam. 10h-18h • www.studiomuseum.org • dons.

9 Schomburg Center for Research in Black Culture

Ouvert en 1991, il abrite le plus grand centre de recherche sur la culture africaine et afro-américaine du pays. Son immense collection fut réunie par feu Arthur Schomburg, qui en devint le curateur lors du don de la collection à la New York Public Library. Les écrivains de la renaissance littéraire noire des années 1920 s'y retrouvaient. Le bâtiment actuel abrite un théâtre et deux galeries d'art. 🔖 515 Lenox Ave et 135th St • plan A3 • ouv. lun-mer. 12h-20h, jeu.-ven. 11h-18h, sam. 10h-17h • EG.

10 Malcolm Shabazz Mosque/Harlem Market

C'est dans cette mosquée que prêchait Malcom X. Le quartier accueille une communauté musulmane active. Les boutiques vendent livres, cassettes et vêtements pour une clientèle musulmane. Les restaurants servent de la cuisine sénégalaise. Les vendeurs de rue qui occupaient 125th St sont regroupés dans une halle où ils proposent des masques, des statuettes, des percussions et des tissus africains. 🔖 Mosquée, 102 West 116th St et Lenox Ave • plan C3 • ouv. t.l.j. 9h-17h • EG • Harlem Market, 52-60 West 116th St, entre 5th et Lenox Aves • plan C3 • ouv. t.l.j. 10h-18h • EG.

Journée à Morningside Heights et à Harlem

Le matin

🕙 Le dimanche, prenez le métro (ligne 2 ou 3) jusqu'à 135th St et Lenox Ave. Remontez jusqu'à Odell Clark Place et tournez vers l'ouest pour écouter la fabuleuse chorale de l'**Abyssinian Baptist Church**.
Poursuivez vers l'ouest dans cette rue jusqu'aux belles maisons du **St. Nicholas Historic District**. Sur 8th Ave, brunchez au son du gospel au **Londel's Supper Club** (p. 148).

L'après-midi

Revenez sur vos pas jusqu'à Lenox Ave et descendez vers le sud jusqu'à 125th St. Tournez à l'ouest vers le célèbre **Apollo Theater** (p. 148) et l'excellente exposition d'art afro-américain du **Studio Museum de Harlem**. Puis allez prendre un café au Starbucks, sur Lenox Ave et 125th St.

Prenez le bus M60 jusqu'à West 120th St et Broadway. Rendez-vous à la **Riverside Church** (p. 145) et montez au clocher pour admirer la vue sur Hudson River. Sur 116th St, prenez vers l'est jusqu'à Broadway et à l'entrée de **Columbia University** (p. 145). Un *block* à l'est, sur Amsterdam Ave, allez visiter l'intérieur de l'immense **Cathedral Church of St. John the Divine** (p. 145). Terminez la journée sur la cuisine du Sud de **Miss Mamie's** (p. 149) et revenez sur Broadway pour prendre la ligne de métro 1 ou 9 et redescendre vers Downtown.

Gauche **Gospel chez Sylvia's** Droite **Apollo Theater**

Où écouter de la musique

Lenox Lounge
Une institution vieille d'un demi-siècle. Les sons du jazz moderne y côtoient ceux d'artistes plus traditionnels. ✆ *288 Malcolm X Blvd, entre 124 et 125th Sts • plan B3.*

Showman's
Concerts de jazz les lundi, jeudi et samedi soir. L'ambiance est aussi cool que la musique. ✆ *375 West 125th St, entre St. Nicholas et Morningside Dr • plan B2.*

Londel's Supper Club
Serveurs en smoking, délicieuse cuisine du Sud et concerts de jazz le week-end dans cet élégant club du nouveau Harlem. ✆ *2620 Frederick Douglass Blvd, entre 139th et 140th Sts • plan A3.*

St. Nick's Pub
Ray Charles se produisait à l'improviste dans ce club réputé. Concerts 6 soirs sur 7. ✆ *773 St. Nicholas Ave et 149th St • métro 145th St, ligne A, B, C ou D.*

Sylvia's
Le samedi et le dimanche, on se bouscule pour venir bruncher au son du gospel. Plaisir garanti, malgré les cars de touristes. ✆ *328 Lenox Ave, entre 126th et 127th Sts • plan B3.*

Cotton Club
Duke Ellington et Cab Calloway nous ont quittés depuis longtemps, et l'endroit a changé, mais le célèbre club des années 1920 fait actuellement son grand retour. ✆ *656 West 125th St, près de West 125th St et Dr Martin Luther King Jr. Blvd • plan B2.*

Apollo Theater
Incontournable. Ella Fitzgerald et James Brown y firent leurs débuts. ✆ *253 West 125th St, entre 7th et 8th Aves • plan B3.*

Aaron Davis Hall
Cette salle accueille du jazz, mais aussi des ballets, des opéras et le Harlem Film Festival. ✆ *Campus du City College, West 135th St et Convent Ave • plan A2.*

Miller Theatre
La plus grande salle de spectacle de Columbia décline toute la gamme musicale, avec une grande préférence pour le jazz. ✆ *Columbia University, 2960 Broadway et 116th St • plan C2.*

Smoke
Les étudiants de Columbia et les amateurs de tous âges se retrouvent tous les week-ends dans ce club intimiste pour écouter le gratin du jazz. ✆ *2751 Broadway et 106th St • plan D2.*

Autres salles de spectacle de New York p. 50-51

Catégories de prix

Pour un repas avec
entrée, plat, dessert **$** moins de 25 $
et un verre de vin, **$$** de 25 $ à 50 $
taxes et service **$$$** de 50 $ à 80 $
compris. **$$$$** plus de 80 $

Gauche **Charles's Southern Style Kitchen** Droite **Terrace in the Sky**

⁞10 Restaurants

1 Charles's Southern Style Kitchen

Le poulet frit, les *ribs* et les *collard greens* (blettes) de ce minuscule restaurant sont excellents. ✆ *2839 Frederick Douglass Blvd, entre 151st et 152nd Sts • 212 926 4313 • $ • Une succursale a ouvert au 308 Lenox Ave, entre 125th et 126th Sts.*

2 Acapulco Caliente

Authentique nourriture mexicaine à prix minis. ✆ *3508 Broadway, entre 143rd et 144th Sts • plan A2 • 212 926 5558 • $.*

3 Miss Maude's/ Miss Mamie's

Joyeux cafés de Norma Jean Darden, spécialiste de la cuisine du Sud. ✆ *Miss Maude's, 47 Lenox Ave et 137th St • 212 690 3100 • Miss Mamie's, 366 West 110th St et Columbus Ave • 212 865 6744 • plan A3, D2 • $.*

4 Dinosaur Bar-B-Que

La taille des portions assure la réputation de ce restaurant sans prétention. Vaste carte de bières artisanales pour accompagner les viandes fumées grillées. ✆ *646 West 131st St et 12th Ave • plan B1 • 212 694 1777 • $.*

5 River Room

Une cuisine du Sud et des concerts de jazz le week-end dans ce lieu ouvrant spectaculairement sur l'Hudson. Attention, le service peut s'avérer parfois lent. ✆ *Riverbank State Park, 750 West 145th St • plan A1 • 212 491 1500 • PAH • $$.*

6 Mo Bay

Spécialités jamaïcaines (côtes de bœuf, poisson-chat à l'ananas…) et concerts de jazz. ✆ *17 West 125th St entre Lenox et 5th Aves • 212 876 9300 • plan B3 • $$.*

7 Amy Ruth's

Ce café animé revisite les classiques du Sud. ✆ *113 West 116th St, entre Powell et Lenox Aves • plan C3 • 212 280 8779 • $$.*

8 Le Baobab

Excellente cuisine sénégalaise à prix doux. ✆ *120 West 116th St et Lenox Ave • plan C3 • 212 864 4700 • pas de cartes de paiement • $$.*

9 Toast

Les sandwichs et les frites sont les points forts de ce café sans prétention. ✆ *3157 Broadway, entre Tiemann Pl et LaSalle St • plan B2 • 212 662 1144 • $.*

10 Terrace in the Sky

Élégant restaurant sur une terrasse. La cuisine continentale est en harmonie avec le décor. ✆ *400 West 119th St et Amsterdam Ave • plan C2 • 212 666 9490 • $$$.*

Remarque : sauf indication contraire, tous les restaurants acceptent les cartes de paiement et proposent des plats végétariens.

Gauche **New York Botanical Garden** Centre **Bronx Zoo** Droite **Park Slope Historic District**

Hors de Manhattan

Manhattan n'est que l'un des cinq boroughs de New York. Chacun d'entre eux offre ses propres centres d'intérêt. Brooklyn possède de magnifiques quartiers de brownstones et de nombreux sites superbes. Au nord, le Bronx accueille l'un des plus beaux zoos de New York, sans oublier le New York Botanical Garden et le Yankee Stadium. Le Queens, quant à lui, véritable creuset de nationalités, est célèbre pour ses musées, ses restaurants exotiques et ses nombreux événements sportifs. Enfin, Staten Island abrite le seul et unique village historique restauré. Un ferry vous y conduira.

TOP 10 Les sites

1. Bronx Zoo
2. New York Botanical Garden
3. Brooklyn Botanic Garden
4. Brooklyn Heights Historic District
5. Prospect Park
6. Park Slope Historic District
7. Flushing Meadow-Corona Park
8. Yankee Stadium
9. Historic Richmond Town
10. Williamsburg

Brooklyn Bridge

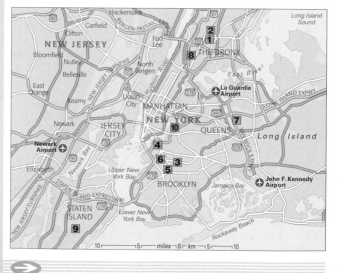

Bronx Zoo

Vieux de plus d'un siècle, ce zoo tentaculaire de 107 ha est sans cesse en évolution. Les dernières nouveautés sont Madagascar ! et la montagne du tigre. La forêt du gorille du Congo est l'authentique reconstitution d'une forêt tropicale humide. Par un jeu de parois et de tunnels de verre, les visiteurs se trouvent nez à nez avec les gorilles. L'étonnant Monde de l'obscurité permet d'observer les animaux nocturnes comme les chauves-souris *(p. 64)*.

Bronx River Parkway et Boston Road, Bronx • métro Pelham Pkwy • ouv. avr.-oct. : lun.-ven. 10h-17h, sam.-dim. et vac. 10h-17h30 ; nov.-mars : t.l.j. 10h-16h30 • www.bronxzoo.com • EP.

New York Botanical Garden

C'est l'un des jardins botaniques les plus anciens et les plus grands du monde, classé monument historique. Ses 100 ha abritent 48 jardins et collections végétales et 20 ha de forêts – la dernière des forêts naturelles de New York. Restaurée, la serre victorienne Enid A. Haupt abrite des espèces originaires de la forêt tropicale humide et du désert aride. Un tram et des visites guidées permettent de découvrir les principaux sites.

Bronx River Parkway et Kazimiroff Blvd, Bronx • métro Bedford Park Blvd. • ouv. avr.-oct. : mar.-dim. 10h-18h ; nov.-mars : mar.-dim. 10h-17h • EP, mer. et sam. matin EG • www.nybg.org

Brooklyn Botanic Garden

Cette superbe petite oasis de 20 ha créée en 1910 par les frères Olmsted abrite plus de 12 000 plantes. Elle est surtout connue pour les Cranford Rose Gardens, où des milliers de roses descendent sur les arches et grimpent sur les treillages, et son Japanese Hill-and-Pond Garden, créé en 1915. Elle est également réputée pour sa Cherry Esplanade et sa Cherry Walk, la plus grande cerisaie hors du Japon. La serre Steinhardt accueille des plantes tropicales et désertiques et une importante collection de bonsaïs.

900 Washington Ave, Brooklyn • métro Eastern Pkwy • ouv. mi-mars-oct. : mar.-ven. 8h-18h, sam.-dim. et j.f. 10h-18h ; nov.-mi-mars : mar.-ven. 8h-16h30, sam.-dim. et j.f. 10h-16h30 • www.bbg.org • EP, mar. et sam. matin EG.

Brooklyn Botanic Garden

4 Brooklyn Heights Historic District

Surplombant East River et le sud de Manhattan, le Brooklyn Heights Historic District a conservé un air de Vieille Europe. Ses rues sont bordées de belles maisons de style fédéral en bois et en brique des années 1820 et de somptueuses demeures néo-grecques des décennies suivantes.

◈ De Court St à Furman St, entre Fulton et State Sts • métro Clark St.

5 Prospect Park

Frederic Olmsted et Calvert Vaux considéraient ce parc (1867) comme leur chef-d'œuvre. Long Meadow est le plus vaste espace vert ininterrompu de la ville. Les bassins et les saules pleureurs de Vale of Cashemere sont superbes, tout comme l'Oriental Pavilion et le Concert Grove.

◈ Entre Eastern Parkway et Parkside Ave, Brooklyn • métro Grand Army Plaza.

Cheval de manège, Prospect Park

6 Park Slope Historic District

Ces blocks situés aux confins de Prospect Park devinrent très prisés après l'ouverture du pont de Brooklyn (1883). Les brownstones victoriens sont de magnifiques résidences de style néoroman et Queen Anne. ◈ De Prospect Park West à 8th Ave, entre 14th St et St. John's Pl, Brooklyn • métro 7th Ave.

Un métro pour le Queens

La ligne de métro International Express dessert des quartiers communautaires des plus variés. Descendez à la station 61st St Woodside pour l'Irlande et ses pubs, à 46th St pour le Moyen-Orient et à 69th St pour les Philippines. Guide (1 $) en vente au Queens Council on the Arts (79-01 Park Lane South, Woodhaven, NY 11421). www.queenscouncilarts.org

7 Flushing Meadow-Corona Park

À l'emplacement de deux anciennes Expositions universelles s'étend aujourd'hui une vaste aire de pique-nique et de loisirs (terrains de sport, pistes cyclables et de skate-board, plans d'eau pour la navigation…). On y trouve également le Shea Stadium des New York Mets, le US Tennis Center, le New York Hall of Science et le Queens Museum of Art. Emblème de l'Exposition universelle de 1964, l'Unisphère est toujours là. ◈ Queens • métro 111th St, Willets Pt-Shea Stadium.

8 Yankee Stadium

Ce temple du sport (1923) fut surnommé « le stade que Ruth a bâti » par les supporters du super-héros du base-ball Babe Ruth. Joe

Gauche **World's Fair Unisphere, Flushing Meadow-Corona Park** Droite **Yankee Stadium**

Historic Richmond Town

Di Maggio et Mickey Mantle sont aussi des légendes de l'équipe de base-ball la plus victorieuse d'Amérique. Ce stade de 54 000 places a été remplacé en 2009 par un autre de 53 000 sièges situé à un *block* de là. ✸ *East 161st St et River Ave, Bronx • métro 161st St River Ave • horaires variables • EP.*

Historic Richmond Town
Vingt-neuf bâtiments de la ville de Richmond – siège du gouvernement de Staten Island en 1729 – ont été transférés dans ce village, tout comme d'autres édifices historiques provenant d'autres sites. Voorlezer House (1695) est le plus ancien bâtiment d'origine. ✸ *441 Clarke Ave, Staten Island • bus 574 puis ferry • ouv. sept.-juin : mer.-dim. 13h-17h ; juil.-août : mer.-sam. 10h-17h, dim. 13h-17h • www.historicrichmondtown.org • EP.*

Williamsburg
Jusque dans les années 1990, lorsque les artistes vinrent de Manhattan pour s'y installer, Williamsburg était peuplé de juifs hassidiques, de Portoricains et d'Italiens. Au cœur du quartier, Belford Avenue est proche de Manhattan par la ligne L du métro. Vous y trouverez les dernières créations des designers locaux, des bars tranquilles et d'excellents restaurants moins chers que ceux de Manhattan. ✸ *Bedford Ave, Brooklyn • métro L depuis Manhattan jusqu'à Bedford Ave ; bus B39 ou B61.*

Journée à Brooklyn

Le matin

🕐 Prenez la ligne de métro n° 2 ou n° 3 pour Eastern Parkway-Brooklyn Museum, et visitez le formidable **Brooklyn Museum** *(p. 41)*. Le musée fait partie d'un complexe municipal comprenant la majestueuse Grand Army Plaza, le **Brooklyn Botanic Garden** *(p. 151)* et son célèbre jardin japonais, et **Prospect Park.**

En bordure ouest de Prospect Park se trouve le magnifique **Park Slope Historic District**. Prenez un café chez Ozzie's (57 7th Ave) avant de visiter les résidences historiques du quartier. Flânez dans les boutiques de 7th Ave et déjeunez dans l'un des nombreux cafés du coin.

L'après-midi

Reprenez le métro pour Borough Hall et rendez-vous au **Brooklyn Heights Historic District.** Promenez-vous sur Pierrepont, Willow et Cranberry St en admirant les maisons du XIXe s. Truman Capote écrivit *Petit déjeuner chez Tiffany* dans les sous-sols du 70 Willow, et Arthur Miller fut propriétaire du 155.

À deux pas vers l'est, **Atlantic Avenue** *(p. 156)* regorge de magasins d'épices. Prenez un verre au Waterfront Ale House (155 Atlantic Ave) avant de repartir pour le pont de Brooklyn. Arrêtez-vous sur Brooklyn Heights Promenade. La vue sur le sud de Manhattan y est spectaculaire. Terminez la journée par un dîner romantique au **River Café** *(p. 157)*.

Gauche **Brooklyn Museum** Centre **New York Hall of Science** Droite **Museum of the Moving Image**

Musées

1 Brooklyn Museum
Sa collection va de l'Égypte ancienne à l'art contemporain (p. 41). ❧ *200 Eastern Parkway, Brooklyn • métro Eastern Parkway • ouv. mer.-ven. 10h-17h, sam.-dim. 11h-18h, 1er sam. du mois 11h-23h • EP.*

2 Isamu Noguchi Garden Museum
Treize galeries et un jardin japonais empreint de sérénité accueillent plus de 250 œuvres du sculpteur. ❧ *9-101 33rd Rd et Vernon Blvd, Queens • bus 103, Vernon Blvd • ouv. mer.-ven. 10h-17h, sam.-dim. 11h-18h • EP.*

3 Museum of the Moving Image
Histoire et techniques du cinéma et de la télévision. ❧ *35th Ave et 36th St, Queens • métro Steinway St • ouv. mer.-jeu. 11h-17h, ven. 11h-20h, sam.-dim. 11h-18h30 • EP.*

4 New York Hall of Science
Musée des sciences et des technologies avec expositions interactives et aires de jeux en plein air. ❧ *4701 111th St, Queens • métro 111th St • ouv. juil.-août : lun.-ven. 9h30-17h, sam.-dim. 10h-18h ; sept.-juin : lun.-jeu. 9h30-14h, ven. 9h30-17h, sam.-dim. 10h-18h • EP.*

5 Queens Museum of Art
Le New York Panorama est composé des maquettes de 800 000 immeubles. ❧ *New York City Building, Queens • métro 111th St • ouv. sept.-juin : mer.-ven 10h-17h, sam.-dim. 12h-17h ; juil.-août : mer.-dim. 12h-18h • EP.*

6 P.S. 1 MoMA
Depuis 1976, ce centre expose des œuvres d'art contemporain et met des ateliers à la disposition des artistes. ❧ *22-25 Jackson Ave et 46th Ave, Queens • métro 23rd St-Ely Aves • ouv. jeu.-lun. 12h-18h • EP.*

7 Van Cortlandt House Museum
Cette maison géorgienne date de 1748. C'est le plus ancien édifice du Bronx. ❧ *Van Cortlandt Park, Bronx • métro 242nd St • ouv. mar.-ven. 10h-15h, sam.-dim. 11h-16h, dernière entrée 30 min avant la ferm. • www.vancortlandthouse.org • EP.*

8 Jacques Marchais Museum of Tibetan Art
Cette reconstitution d'un temple bouddhique abrite une collection d'art tibétain. ❧ *338 Lighthouse Ave, Staten Island • bus S74 à la descente du ferry • ouv. mer.-dim. 13h-17h • EP.*

9 Staten Island Historical Society Museum
Dans Historic Richmond Town, le bureau du County Clerk (1848) abrite un musée. ❧ *441 Clarke St, Staten Island • bus S74 à la descente du ferry • horaires variables • EP.*

10 Snug Harbor Cultural Center
Jardin chinois, salles de spectacle, centre d'art, musée pour enfants et collection maritime. ❧ *1000 Richmond Terrace, Staten Island • bus S40 à la descente du ferry • horaires variables • EP.*

Gauche **New York Aquarium** Centre **Staten Island Ferry** Droite **Staten Island Children's Museum**

📷🔟 Sorties en famille

1 New York Aquarium
Traversez un marécage et restez au sec sous une cascade *(p. 67)*. ✍ *Surf Ave et West 8th St, Brooklyn • métro W 8th St • ouv. avr.-mai, sept.-oct. : lun.-ven. 10h-17h, sam.-dim et vac. 10h-17h30 ; juin-août : lun.-ven. 10h-18h, sam.-dim. et vac. 10h-19h ; nov.-mars : t.l.j. 10h-16h30 • EP.*

2 Brooklyn Children's Museum
Expositions permanentes et temporaires. ✍ *145 Brooklyn Ave et St. Marks Pl, Brooklyn • métro Kingston • ouv. mer.-ven. 13h-18h, sam.-dim. 11h-18h ; juil.-août : mar.-jeu. 12h-18h, ven. 12h-18h30 • EP.*

3 Prospect Park Zoo
Découvrez une colonie de chiens de prairie, le langage des babouins, ou sautez comme une grenouille sur des nénuphars. ✍ *450 Flatbush Ave, Brooklyn • métro Prospect Park • ouv. nov.-mars : t.l.j. 10h-16h30 ; avr.-oct. : lun.-ven. 10h-17h, sam.-dim. et vac. 10h-17h30 • EP.*

4 Prospect Park Carousel
Ce manège de 1912 aux animaux sculptés à la main déménagea de Coney Island en 1950. ✍ *Prospect Park, Brooklyn • métro Prospect Park • ouv. avr.-oct. : sam., dim. et j.f. 12h-17h (juil.-août : 12h-18h) • tour 1,50 $.*

5 Lefferts Homestead Children's House Museum
Ferme coloniale hollandaise du XVIIIe s. ✍ *Prospect Park, Brooklyn • métro Prospect Park • ouv. avr.-nov. : jeu.-dim. et vac. 12h-17h • EG.*

6 Puppetworks
Des marionnettes sculptées à la main font revivre les contes. ✍ *338 6th Ave et 4th St, Brooklyn • métro 7th Ave (Brooklyn) • spectacles sam.-dim. 12h30 et 14h30 • réservation obligatoire • EP.*

7 Bateaux de pêche de Sheepshead Bay
Excursions en journée et en soirée. ✍ *Eamons Ave, Brooklyn • métro Sheepshead Bay • départs 6h30, 9h, 13h et 19h, ou affrètement sur demande • EP.*

8 Staten Island Children's Museum
Un marsouin mobile de 2 m vous ouvre les portes de cet espace interactif. Exploration de l'eau, des insectes, des arts visuels et des arts du spectacle. ✍ *1000 Richmond Terrace, Staten Island • bus S40 à la descente du ferry • ouv. été : mar.-dim. 10h-17h ; hiver : mar.-dim. 12h-17h • EP.*

9 Staten Island Zoo
La savane africaine au crépuscule est un *must*. À voir également : la forêt tropicale et le vivarium. ✍ *614 Broadway, Staten Island • bus S48 à la descente du ferry • ouv. t.l.j. 10h-16h45 • EP.*

10 Staten Island Ferry
Promenade avec vue fabuleuse sur Manhattan. ✍ *Bus pour St. George Terminal, Staten Island • départ des ferries toutes les 15 min à 1h, 24h/24, de Whitehall et South Sts • EG.*

➜ *Autres sorties en famille p. 66-67*

Gauche **Chaussures de couturiers** Droite **Boutique de décoration d'intérieur**

Shopping ethnique

1 Broadway, Astoria
Astoria accueille la plus grande communauté grecque hors de Grèce. Restaurants, cafés et pâtisseries sur Broadway. ⊗ *Broadway, Astoria, Queens • métro Broadway.*

2 Main Street, Flushing
Dans le Chinatown de Flushing, on trouve des pâtisseries, des épiceries, des boutiques de cadeaux, des restaurants, des herboristes et des salons d'acupuncture. ⊗ *Main Street, Flushing, Queens • métro Main St.*

3 74th Street, Jackson Heights
Les boutiques de la communauté indienne débordent de bijoux fantaisie en or, de saris et d'épices. ⊗ *74th St, Jackson Heights, Queens • métro Roosevelt Ave.*

4 Roosevelt Avenue, Jackson Heights
Les haut-parleurs diffusent des rythmes latino-américains, les marchands des rues font frire des beignets *(churros)*. Dans les boutiques : disques, nourriture, bottes de *gaucho*, chapeaux et *piñatas*.. ⊗ *Roosevelt Ave, Jackson Heights, Queens • métro Roosevelt Ave.*

5 Arthur Avenue, Bronx
Dans ce quartier italien, des dizaines de petites épiceries vendent de tout, des vins italiens, des pâtes et des saucisses aussi bien que des rosaires et des cierges. ⊗ *Arthur Ave, Bronx • métro Fordham Rd.*

6 Nassau Avenue, Greenpoint
Au sein de la plus grande communauté polonaise d'Amérique, les magasins sont remplis de *kielbasas* et de *babkas*, de statues religieuses, de livres et de disques. ⊗ *Nassau Ave, Greenpoint, Brooklyn • métro Nassau Ave.*

7 Brighton Beach Avenue, Brooklyn
Dans « Little Odessa », le russe est la première langue parlée. On trouve de tout, du poisson fumé aux poupées russes. En prime, promenade le long de la mer. ⊗ *Brighton Beach Ave, Brooklyn • métro 55th St.*

8 13th Avenue, Borough Park
Borough Park accueille la plus grande communauté juive orthodoxe du pays. On y trouve des boutiques d'articles religieux, d'appétissantes pâtisseries, de vêtements d'enfants et de linge de maison. ⊗ *13th Ave, Borough Park, Brooklyn • métro 55th St.*

9 18th Avenue, Bensonhurst
Si la communauté italienne laisse peu à peu la place à d'autres nationalités, la rue conserve ses cafés et ses *delis* italiens typiques. ⊗ *18th Ave, Bensonhurst, Brooklyn • métro 18th Ave.*

10 Atlantic Avenue, Brooklyn
On y retrouve le Moyen-Orient. Baklawa, olives, fruits secs, épices. ⊗ *Atlantic Ave, Brooklyn • métro Court St.*

➜ *Autres boutiques de New York* **p. 165**

Catégories de prix

Pour un repas avec entrée, plat, dessert et un verre de vin, taxes et service compris. **$** moins de 25 $, **$$** de 25 $ à 50 $, **$$$** de 50 $ à 80 $, **$$$$** plus de 80 $

River Café

⑩ Restaurants

River Café
1 Homard, canard et fruits de mer ne sont que quelques-unes de ses nombreuses spécialités. En dessert, goûtez le Chocolate Duo et son pont de Brooklyn en chocolat *(p. 58)*. ◊ *1 Water St, Brooklyn • métro High St • 718 522 5200 • veste de rigueur pour les hommes après 17h • $$$$*.

The Grocery
2 Le menu de ce restaurant met la nouvelle cuisine américaine et les produits de saison à l'honneur. Le jardin est charmant. ◊ *288 Smith St, Brooklyn • métro (F) Carroll St • 718 596 3335 • $$*.

Peter Luger Steak House
3 On y sert les meilleurs steaks de New York. Réservation indispensable. ◊ *178 Broadway, Brooklyn • métro Marcy Ave • 718 387 7400 • $$$*.

Al Di La Trattoria
4 Cuisine du nord de l'Italie. Délicieuses moules à la sauce tomate et merveilleuses pâtes. ◊ *248 5th Ave, Brooklyn • métro Union St • 718 636 8888 • $$*.

Dominick's Restaurant
5 Faites la queue, installez-vous à une table et régalez-vous du meilleur de la cuisine d'Italie du Sud. Comme il n'y a pas de menu, commandez votre plat préféré ou laissez-vous guider par le serveur. ◊ *2335 Arthur Ave, Bronx • métro Fordham Road • 718 733 2807 • pas de cartes de paiement • $$*.

S'Agapo
6 Ce restaurant simple est à la hauteur de son enseigne : « Je t'aime » en grec. Très bonne cuisine grecque, musique le week-end et terrasse pour l'été. ◊ *3421 34th Ave, Queens • métro Broadway (N, W) • 718 626 0303 • $$*.

Kum Gang San
7 Cuisine coréenne : ragoûts, nouilles ou barbecue sur la table. Le repas commence par des *panchan*, petits plats chauds et froids, doux et amers. ◊ *138-28 Northern Blvd, Queens • métro Main St • 718 461 0909 • $$*.

Joe's Shanghai
8 Le premier de cette chaîne de cafés chinois est réputé pour ses soupes aux raviolis de porc ou de crabe ou ses *steamed buns*. Sans oublier les spécialités de Shanghai. ◊ *136-21 37th Ave, Queens • métro Main St • 718 539 3838 • pas de cartes de paiement • $*.

Jackson Diner
9 L'ambiance laisse à désirer, mais c'est l'un des meilleurs restaurants indiens de la ville. Buffet à volonté le midi. ◊ *37-47 74th St, Queens • métro (E, F,G, R, V) Roosevelt Ave • 718 672 1232 • $*.

Denino's
10 Pizzeria familiale. Plats classiques et quelques innovations au juste prix. ◊ *524 Port Richmond Ave, Staten Island • bus 44 à la descente du ferry • 718 442 9401 • pas de cartes de paiement • $*.

 Remarque : *sauf indication contraire, tous les restaurants acceptent les cartes de paiement et proposent des plats végétariens.*

MODE D'EMPLOI

NEW YORK TOP 10

Gauche **Parapluie** Centre gauche **Chaussures** Centre droite **Lunettes de soleil** Droite **Vêtements**

TOP 10 Préparer le voyage

1 Tenues de saison
Les saisons sont bien distinctes à New York. Les températures moyennes oscillent de - 3 °C à 3 °C en hiver, de 19 °C à 29 °C en été. Le climat n'en est pas moins totalement imprévisible. L'idéal est donc de superposer les vêtements – un tee-shirt à manches courtes, une chemise à manches longues et un pull vous permettront d'affronter tous les temps.

2 Parapluie et imperméable
Mars et août sont les mois les plus pluvieux, mais un parapluie et un imperméable vous seront toujours utiles.

3 Chaussures de marche
Les rues de Midtown sont souvent embouteillées. La marche est non seulement le moyen de locomotion le plus agréable, mais aussi souvent le plus rapide. Investissez dans une bonne paire de chaussures de marche et portez-les avant de partir pour éviter les ampoules.

4 Couleurs sombres
Les pressings sont chers à New York et les laveries automatiques sont rares à Midtown, là où séjournent la plupart des touristes. Privilégiez les tenues peu salissantes qui sèchent vite et ne se repassent pas.

5 Chapeau et lunettes de soleil
N'imaginez pas que les hauts gratte-ciel de New York vous protégeront du soleil. N'oubliez pas d'emporter chapeau, lunettes de soleil et crème solaire.

6 Adaptateur électrique
Les États-Unis utilisent du 115-120 V, et non du 220 V. Certains sèche-cheveux peuvent être réglés automatiquement, mais la plupart des appareils en 220 V ont besoin d'un adaptateur. On en trouve facilement dans les boutiques d'aéroport et dans certaines grandes surfaces. Les prises américaines ont 2 fiches plates, il vous faudra donc là aussi un adaptateur.

7 Table de conversion
Contrairement à la plupart des pays du monde, les États-Unis n'ont pas adopté le système métrique. Une table de conversion ou un convertisseur électronique de poche vous aideront à convertir rapidement les miles en mètres, les ounces et les pounds en grammes et les degrés Fahrenheit en degrés Celsius.

8 Réductions pour étudiants et seniors
Les métros et les bus, les cinémas, la plupart des sites et de nombreux hôtels proposent des réductions aux plus de 65 ans, souvent sur présentation d'une pièce d'identité. La majorité des musées et des sites font de même pour les étudiants, toujours sur présentation d'un justificatif. Le plus simple est de faire établir une carte ISIC (International Student Indentity Card). Vous trouverez tous les renseignements sur le www.carteisic.com *(voir aussi p. 168)*. Pour entrer dans les bars et les discothèques, il faut avoir 21 ans et pouvoir le justifier.

9 Calculatrice de poche
Pour éviter de vous torturer l'esprit avec des conversions compliquées, emportez une calculatrice. Certaines ont la taille d'une carte de crédit et se glissent dans un portefeuille ou une poche.

10 Permis de conduire
Si vous comptez louer une voiture pour sortir de New York, vérifiez que votre permis de conduire est en cours de validité. Il vous faudra également présenter votre passe-port et disposer d'une carte de paiement.

Gauche **Arrivée en avion** Centre **Arrivée en bateau** Droite **Arrivée en bus**

Arriver à New York

En avion
Les vols internationaux atterrissent à John F. Kennedy Airport et à Newark. LaGuardia Airport accueille les vols intérieurs. En taxi, comptez 45 $ pour aller à Manhattan depuis Kennedy Airport, entre 34 et 50 $ depuis Newark, et entre 20 et 30 $ depuis LaGuardia, plus 3,50 $ de péage et de pourboire.

Limousines
Plusieurs sociétés de limousines proposent leurs services sur réservation. Tarifs forfaitaires : entre 5 et 10 $ de plus que les taxis. ✆ *Carmel : 212 666 6666 • Dial 7 : 212 777 7777.*

Supershuttle
Services porte-à-porte. Les navettes prennent plusieurs passagers, prévoyez beaucoup de temps. Comptez 15 à 22 $. ✆ *Supershuttle: 800 258 3826.*

Autocar
Des aéroports à Midtown, le trajet en car coûte entre 8 et 13 $. Les minibus collectifs desservent les hôtels (13 à 19 $). Renseignements auprès des zones de retrait des bagages dans tous les aéroports. ✆ *Renseignements : 800 247 7433 • NY-NJ Port Authority: www.panynj.gov.*

Par le train
Les trains d'Amtrak en provenance de tous les États-Unis arrivent à Penn Station, 7th Ave et 33rd St, comme les trains de banlieue de Long Island Railroad et de New Jersey Transit. Les trains régionaux de Metro North arrivent à Grand Central Terminal, sur Lexington Ave et 42nd St. Des taxis attendent devant les gares. ✆ *Amtrak : 800 872 7245 • Long Island Railroad : 718 217 5477 • New Jersey Transit : 800 772 2222 • Metro North : 212 532 4900.*

En bus
Les lignes d'Intercity et de banlieue arrivent au Port Authority Bus Terminal. Des taxis attendent à l'entrée sur 8th Ave. ✆ *Port Authority Bus Terminal : 8th Ave et 42nd St • 212 564 8484.*

Par bateau
Les navires de croisière débarquent à New York dans le NYC Passenger Ship Terminal, où les passagers en provenance de l'étranger sont soumis aux formalités de l'immigration. Station de taxis à l'extérieur du terminal. ✆ *NYC Passenger Ship Terminal : 711 10th Ave • 212 246 5450.*

En voiture
Le stationnement dans Midtown peut coûter dans les 40 $ par jour. Renseignez-vous auprès de votre hôtel, ou descendez dans un motel de banlieue à proximité des transports publics.

Droits de douane
Les non-résidents adultes ne peuvent importer que pour 100 $ de cadeaux, 1 cartouche de 200 cigarettes (ou 50 cigares non cubains) et 1 l d'alcool. Viandes, plantes ou fruits sont interdits. Les médicaments doivent être accompagnés d'une ordonnance. En avion, les voyageurs ne peuvent transporter que 100 ml de liquide. Vous ne pouvez acheter de l'alcool duty-free qu'à votre premier embarquement, car il sera confisqué lors du transit, à moins de le déposer dans votre valise. ✆ *US Customs Service : 800 697 3662.*

Immigration
Les formalités d'entrée sont renforcées depuis le 11 septembre 2001. Exemptés de visa, les Belges, Français et Suisses, séjournant moins de 90 jours pour tourisme, doivent avoir un passeport biométrique, ou un passeport à lecture optique (en cours de validité) exigé même pour les enfants ne figurant plus sur le passeport des parents. Avant de partir, il faut remplir une demande d'autorisation électronique ESTA sur le site https://esta.cbp.dhs.gov. Les Canadiens doivent avoir un passeport valide. Renseignements auprès de l'ambassade ou du consulat. Un visa reste indispensable pour venir travailler ou étudier dans le pays.

Mode d'emploi

Pour plus d'informations sur les navettes Airtrain de JFK Airport et Newark, consultez le site www.panynj.gov/airtrain

161

Gauche **The Visitors Bureau** Centre **Taxi new-yorkais** Droite **Carte d'étudiant**

🔟 Où se renseigner

1 Offices de tourisme

NYC & Company, le Visitor Information Bureau du New York Convention & Visitors Bureau propose des conseils en plusieurs langues et des brochures gratuites. 🗺 *Visitor Information Center : 810 7th Ave et 53rd St • plan J3 • www.nycvisit.com • ouv. t.l.j. 8h-20h.*

2 Big Apple Greeters

Pourquoi ne pas passer l'après-midi avec un Big Apple Greeter. Les guides bénévoles de cette association font visiter à des couples et des petits groupes les quartiers de leur choix. 🗺 *Big Apple Greeter : 212 669-8159 • www.bigapplegreeter.org.*

3 Presse new-yorkaise

Le *New York Times* est lu dans tout le pays pour ses pages internationales. Les tabloïds *New York Post* et *New York Daily News* sont réputés pour leurs unes accrocheuses et leurs pages sportives. Les jeunes New-Yorkais préfèrent souvent l'hebdomadaire gratuit *Village Voice* tout comme son concurrent *New York Press*.

4 Presse nationale et étrangère

La presse nationale et la presse étrangère sont en vente dans les librairies Barnes & Noble. Les journaux du dimanche sont vendus à l'Universal News Stand. Si vous ne trouvez pas ce que vous cherchez, renseignez-vous auprès de Hotalings News Agency. 🗺 *Universal News Stand : 234 West 42nd St • plan K3 • Hotalings News Agency : 212 974 9419.*

5 Guides des spectacles

Les pages spectacles du *New York Times* du vendredi, *Time Out New York*, le *New Yorker* et le *New York Magazine* sont autant d'excellentes sources d'information sur l'actualité culturelle de la ville. On les trouve dans tous les kiosques à journaux.

6 Guides des musées et galeries

Pour en savoir plus, vous pourrez lire les critiques des expositions des musées et des galeries dans le trimestriel *Museums New York* (4,95 $), en vente dans la plupart des kiosques. L'*Art Now Gallery Guide*, disponible gratuitement dans presque toutes les galeries, détaille les expositions en cours.

7 Horaires d'ouverture

La majorité des magasins et des sites sont ouverts 7j./7 *(p. 165)*. Quelques banques sont ouvertes le week-end, et les distributeurs de billets fonctionnent 24h/24 *(p. 169)*. Les bureaux de poste sont fermés le dimanche, à l'exception du bureau du General Post Office *(p. 169)*. De nombreux musées sont fermés le lundi ainsi que les jours fériés – vérifiez auprès de chacun.

8 Pourboires

Dans les restaurants, les taxis et pour les services (salons de coiffure ou de massage, etc.), il convient de laisser un pourboire de 15 %. Dans les hôtels, les grooms reçoivent en général 1 $ par bagage et les barmans 1 $ par consommation. Beaucoup de petits restaurants préfèrent « intégrer » le pourboire à l'addition en doublant les taxes (8,65 % x 2).

9 Taxes

Il faut les ajouter aux prix affichés : 8,65 % sur tous les achats – à l'exception des vêtements et des chaussures d'un prix inférieur à 110 $ – et 13,25 % sur les tarifs hôteliers (plus 2 $ de taxe de séjour par nuit).

10 Toilettes

Préférez les toilettes des hôtels *(p. 172-179)* et des grands magasins *(p. 64)*. Dans la plupart des fast-foods et des cafés, il faut en demander la clé.

Mode d'emploi

Gauche **Agent de la circulation** Centre **Staten Island Ferry** Droite **Panneaux de signalisation**

🔟 Se déplacer

Plan des rues
Manhattan – à l'exception de Greenwich Village – est aménagé selon un plan en damier. Les avenues quadrillent la ville du nord au sud, et les rues d'est en ouest. Toutes sont à sens unique, sauf Park Ave, où l'on circule à double sens. Fifth Ave délimite East Side et West Side.

Trouver une adresse
Pour situer le carrefour le plus proche d'une adresse sur une avenue de Manhattan, retirez le dernier chiffre du numéro de rue, divisez le reste par 2 et ajoutez les chiffres clés suivants :

1st Ave	3
2nd Ave	3
3rd Ave	10
8th Ave	9
Lexington Ave	22
Madison Ave	27

Pour les autres voies, consultez les *Yellow Pages*.

Métro
Les lignes de métro sillonnent la ville du nord au sud sur Lexington Ave, 6th Ave, 7th Ave, Broadway et 8th Ave. Les lignes Q, N, R, W, E, F, V et 7 pour le Queens traversent Manhattan d'est en ouest. Les lignes A, C, B, D, J, M, Z, L, N, Q, R, 2, 3, 4 et 5 vont à Brooklyn. ✆ *Information pour les passagers : 718 330 1234 • www.mta.info*

Bus
Les bus de Manhattan circulent sur tous les axes nord-sud, sauf Park et West End Ave. Les bus transversaux les plus utiles empruntent 96th, 86th, 79th, 67th, 57th, 49/50th, 42nd, 34th, 23rd et 14th Sts. Le numéro de la ligne apparaît sur un bandeau lumineux au-dessus du pare-brise du véhicule. Des plans sont distribués gratuitement dans la plupart des bus.

Metrocards
Les Metrocards sont vendues dans le métro et dans les boutiques portant le sigle « M ». À chaque trajet, on débite 1,50 $ et vous pouvez circuler pendant 2 h en bus et en métro. Il existe des pass à 25 $ valables une semaine pour un nombre de trajets illimité.

Taxis
Vous pouvez héler les taxis jaunes partout. Vous en trouverez facilement à proximité des hôtels. Le panonceau lumineux sur le toit est allumé lorsque le taxi est libre ou qu'il n'est pas en service. ✆ *Réclamations : 311.*

Location de voiture
On trouve des bureaux de location dans toute la ville. Il faut avoir plus de 25 ans, être titulaire d'un permis de conduire en cours de validité et d'une carte de crédit. Les week-ends sont très chargés. Mieux vaut réserver.
✆ *Hertz : 800 654 3131*
• *Avis : 800 331 1212*
• *National : 800 227 7368*
• *Enterprise : 800 527 0700.*

Feux de signalisation
En voiture, on s'arrête au rouge, on ralentit à l'orange et on passe au vert. Pour les piétons, *walk* signifie « traversez », et *don't walk* « ne traversez pas ». *Don't walk* clignote quand le feu va changer de couleur. Vu l'intensité du trafic, il est impératif de respecter les feux.

Stationnement et amendes
Il est impossible de stationner dans les rues de Midtown. Ailleurs, cela reste difficile. Dans certaines rues, le stationnement de 15 à 60 min est autorisé. En cas de dépassement, il vous en coûtera cher. Dans les petites rues, le stationnement est alterné.

Ferries et Water Taxis
Les ferries de New York Waterways relient Manhattan au New Jersey. Les Water Taxis vont du East 90th St Pier au Pier 84. ✆ *Horaires des ferries : 800 533 3779 • renseignements sur les ferrys de Staten Island : p. 59 • renseignements sur les Water Taxis : www. nywatertaxi.com.*

Gauche **Bateau de Circle Line** Centre **Visite en bus** Droite **Calèches de Central Park**

TOP 10 Visites guidées

1 Promenades de quartier

Le meilleur moyen de découvrir New York est d'en arpenter les rues en compagnies de guides avisés. Les plus réputés sont Big Onion Walking Tours, Joyce Gold History Tours, et 92nd Street Y. ✆ *Big Onion Walking Tours : 212 439 1090 • Joyce Gold History Tours : 212 242 5762 • 92nd Street Y : 212 415 5500.*

2 Découvertes architecturales

La Municipal Art Society organise « Discover New York », une visite des monuments et des quartiers de la ville commentée par des historiens architectes. ✆ *Municipal Art Society : 212 935 3960.*

3 Mini-croisières

Circle Line propose des excursions de 2 ou 3 heures et des croisières nocturnes de 1 heure au départ de South Street Seaport. New York Waterways organise des visites du port de 90 min. ✆ *South Street Seaport : Pier 16 et Pier 83, 212 563 3200 • New York Waterways : 800 53 3779.*

4 Visites en bus

Avec Gray Line, vous pourrez sillonner Manhattan en bus à impériale avec des guides polyglottes, Brooklyn et gospels de Harlem compris (circuits de 2 à 10 heures). Une journée de visite coûte 60 $, traversée en bateau vers la statue de la Liberté et pass métro-bus valable une journée inclus. ✆ *Gray Line Bus Tours : 212 397 2620.*

5 Visite des coulisses

À voir : Lincoln Center *(p. 139)*, Metropolitan Opera, Radio City Music Hall *(p. 13)*, NBC Studios *(p. 13)*, Carnegie Hall *(p. 125)*, Madison Square Garden, Grand Central Terminal *(p. 123)*, Gracie Mansion *(p. 135)* et New York Public Library *(p. 124)*. ✆ *Lincoln Center : 212 875 5350 • Metropolitan Opera : 212 769 7020 • Radio City Music Hall : 212 307 7171 • NBC Studios : 212 664 3700 • Carnegie Hall : 212 903 9600 • Madison Square Garden : 212 465 6080 • Grand Central Terminal : 212 340 2345 • Gracie Mansion : 212 570 4751 • New York Public Library : 212 340 0849.*

6 Visite des parcs

Visitez les hauts lieux de Central Park avec les Urban Park Rangers ou des guides bénévoles du Park Conservancy. Programmes gratuits presque tous les week-ends et certains mercredis. ✆ *Programme du Park Conservancy : 212 310 6600 • Urban Park Ranger : 311.*

7 Visites en vélo

Deux heures de vélo dans Central Park, avec visite des sites majeurs et pause rafraîchissement : 35 $, location du vélo incluse. ✆ *2 Columbus Circle, 59th St et Broadway • plan H2 • 212 541 8759.*

8 Visite des jardins botaniques

Le New York Botanical Garden *(p. 151)* propose différentes visites. ✆ *Visite de la forêt, de la serre, de Rock Garden ou visite complète : mar.-dim. 13h, visites supplémentaires mar. et jeu. 14h et 15h • inclus dans le billet d'entrée au jardin (adultes 2 $, enfants 1 $) • visite en tram toutes les 20 min • 718 817 8700.*

9 Visite des musées

Le Metropolitan Museum of Art *(p. 133)* propose chaque jour 20 différentes visites guidées, en plusieurs langues (prix inclus dans les billets d'entrée). Le Guggenheim Museum *(p. 133)* propose des visites familiales, également comprises dans le prix du billet.

10 Promenade en calèche

Des calèches tirées par des chevaux emmènent leurs passagers dans une promenade à l'ancienne à Central Park *(p. 26-27)*. Comptez 34 à 54 $. ✆ *Central Park South et 59th St • plan H3.*

Gauche **Givenchy** Centre **Épicerie** Droite **Librairie Barnes & Noble**

TOP 10 Boutiques

1 Horaires
Du lun. au sam. de 10 h à 19 h (20 h le jeu.), et de 11 h ou 12 h à 18 h ou 19 h le dim. Fermeture à Noël et à Pâques.

2 Cartes de crédit
MasterCard et Visa sont acceptées partout, American Express et Discover dans la plupart des établissements.

3 Mode féminine
Les grands magasins offrent le choix le plus important (p. 64). Sur Madison Ave, vous trouverez les couturiers (p. 136) et à SoHo les dernières tendances (p. 65). Pour le discount, rendez-vous à Orchard St (p. 91), chez Century 21 et chez Daffy's.
◈ Century 21 : 22 Cortlandt St, plan Q4 • Daffy's : 125 East 57th St et 111 5th Ave, plan H4 et L3.

4 Mode masculine
Rendez-vous chez Barneys pour les couturiers, chez Brooks Brothers ou Paul Stuart pour un style traditionnel, Thomas Pink pour les coupes chic et John Varvatos pour le sportswear. ◈ Barneys : 660 Madison Ave, plan K4 • Brooks Brothers : 346 Madison Ave, plan L4 • Paul Stuart : 350 Madison Ave et 45th St, plan J4 • Thomas Pink : 520 Madison Ave, plan H4 • John Varvatos : 149 Mercer St, plan N3.

5 Librairies
Barnes & Noble propose un grand choix, Rizzoli des ouvrages sur l'art et la photographie, Books of Wonder des livres pour enfants ; pour les livres d'occasion, rendez-vous au Strand.
◈ Barnes & Noble : 1972 Broadway, plan G2 • Rizzoli : 31 West 57th St, plan H3 • Books of Wonder : 16 West 18th St, plan M3 • Strand Book Store : 828 Broadway, plan M4.

6 Épiceries fines
Zabar's est la plus connue (p. 141), mais Dean & DeLuca, le Gourmet Garage, Citarella et Whole Foods ont leurs inconditionnels.
◈ Dean & DeLuca : 560 Broadway, plan M4 • Gourmet Garage : 2567 Broadway, plan E2 • Citarella : 2135 Broadway, plan G2 • Whole Foods : 10 Columbus Circle, plan H2.

7 Artisanat et antiquités
Manhattan Art & Antiques et Chelsea Antiques ont un peu de tout. Allez chez Kelter-Malce pour le folklore et chez Archangel Antiques pour les accessoires. Doyle & Doyle vend des bijoux anciens et Iris Brown de vieilles poupées. ◈ Manhattan Art & Antiques : 1050 2nd Ave, plan G4 • Chelsea Antiques : 110 West 25th St, plan L2 • Kelter-Malce : 74 Jane St, plan M2 • Archangel Antiques : 334 East 9th St, plan M4 • Doyle & Doyle : 189 Orchard St, plan N5 • Iris Brown : 205 East 63rd St, plan H4.

8 Vêtements et jouets d'enfants
FAO Schwarz (p. 66) et Toys'R'Us sont étonnants, mais moins chaleureux que Children's General Store. Space Kiddets vend des tenues décontractées. ◈ Toys'R'Us : 1514 Broadway, plan J3 • Children's General Store : Grand Central Terminal, plan J4 • Space Kiddets : 46 East 21st St, plan L4.

9 Musique
Virgin Mégastore satisfera tous les goûts. Les amateurs d'opéra iront à la boutique du Metropolitan Opera, ceux qui aiment le jazz et le funk à Bleecker St Records et ceux qui préfèrent la house à Other Music. ◈ Virgin Megastore : 1540 Broadway, plan J3 • Boutique du Metropolitan Opera : 136 West 65th St, plan G2 • Bleecker St Records : 239 Bleecker St, plan N3 • Other Music : 15 East 4th St, plan M4.

10 Parfums et cosmétiques
Fresh vend des parfums et des soins du corps, et Kiehl's propose des soins de beauté de qualité. Aveda est spécialisé dans les produits naturels à base d'extraits végétaux. ◈ Fresh : 57 Spring St, plan N4 • Kiehl's : 109 3rd Ave, plan L4 • Aveda : 233 Spring St, plan N3.

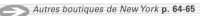

Autres boutiques de New York **p. 64-65**

Gauche **Guichet TKTS** Droite **Gotham Bar and Grill**

TOP 10 New York bon marché

1 Guichets TKTS

Ces guichets vendent des billets à - 20 %, voire - 50 % pour les représentations du jour à Broadway et Off-Broadway. Paiement en liquide ou en chèques de voyage uniquement. Arrivez tôt pour éviter les longues files d'attente.
◈ *47th St et Broadway • plan J3 • ouv. t.l.j. 15h-20h, 10h-14h pour les matinées du mer. et du sam., dim. 11h-19h30 • www.tdf.org*

2 Émissions TV

Vous pouvez assister gratuitement à l'enregistrement d'une émission en faisant la demande à l'avance. Pour plus de renseignements, appelez directement les chaînes. Le Tourist Information Center *(p. 162)* ou le bureau d'accueil de NBC distribuent parfois des billets pour le jour même.
◈ *ABC : 212 456 3054 • CBS : 212 975 2476 • NBC : 212 664 7174, www.shopnbc.com.*

3 Événements gratuits

Représentations théâtrales gratuites à Central Park pendant les mois de juillet et d'août. Les talentueux enseignants et élèves de la Julliard School organisent des *masterclasses* et d'excellents concerts.
◈ *Summerstage : 212 360 2777 • Julliard School : 212 799 5000.*

4 Festivals d'été gratuits

Spectacles du Lincoln Center dans le Damrosch Park ou du Metropolitan Opera, concerts du New York Philarmonic, festival Shakespeare in the Park au Delacorte Theater (Central Park).
◈ *Programme disponible auprès de NYC & Company : 212 484 1222.*

5 Transports en commun

Pour 7,5 $, le Fun Pass vous permet de circuler librement en métro et en bus jusqu'à 3 h du matin le lendemain de la première oblitération. Si vous restez plus longtemps, achetez pour 7 $ ou plus une carte Payper-Ride, vous gagnerez 15% de crédit, soit un trajet supplémentaire. La Metrocard à 25 $ vous permet de circuler pendant une semaine complète et pour 47 $ pendant 14 jours.

6 Se restaurer

Les restaurants servent des menus d'avant-spectacle à petits prix, mais les menus du midi sont encore plus avantageux. Pendant les « Restaurant Weeks » (2 semaines en jan. et en juin), les meilleurs restaurants proposent des menus avec entrée, plat et dessert au « prix de l'année » (20,07 $, 20,08 $, 20,09 $, etc.) et des dîners à 35 $. Réserver sur le site www.opentable.com.

7 Change

Vous pourrez retirer de l'argent dans les distributeurs automatiques (ATM ou Automated Teller Machines). Beaucoup appartiennent aux réseaux Plus et Cirrus, et acceptent les Visa et MasterCard. Les frais sont moins élevés qu'aux guichets de change et vous bénéficiez alors du taux de change interbancaire *(p. 169).*

8 Visites

Avec le CityPass, visitez 6 sites majeurs à moitié prix pour 65 $ (49 $ pour les 6-17 ans). Il est en vente dans les sites participants, comme l'Empire State Building, le Guggenheim Museum, l'American Museum of Natural History, le MoMA, les croisières Circle Line et le Metropolitan Museum.

9 Soldes

Les soldes du blanc se déroulent en janvier et en août. Les soldes de maillots de bain débutent après le 4 juillet et les soldes d'hiver après Noël.

10 Magasins discount

À 1 h de route de Manhattan, Woodbury Common Premium Outlets rassemble 220 boutiques de discount de grandes marques (Gucci, Armani et Burberry).
◈ *Short Line Bus Tours • Port Authority Bus Terminal • 800 631 8405 • 7 départs par jour • 32,40 $.*

Métro new-yorkais

🔟 Avertissements

Faux taxis

1 Les taxis non agréés dont les conducteurs vous interpellent aux aéroports et devant les hôtels n'offrent aucune garantie de sécurité et de tarif. Soyez patients et faites la queue pour attendre un taxi jaune officiel *(p. 163)*.

Avis de liquidation

2 Certains magasins – particulièrement sur Fifth Ave ou Broadway – affichent les mêmes pancartes « Lost our lease » ou « Going out of business » depuis des années. Ils vendent généralement de l'électronique hors de prix à des clients imprudents.

Pickpockets

3 Comme dans presque toutes les grandes villes du monde, les pickpockets sont à l'affût. Soyez attentifs particulièrement dans la foule et en montant ou en descendant des bus et des métros bondés. Le mieux est de conserver votre argent bien caché sur vous. Mieux vaut laisser vos bijoux de valeur chez vous ou à l'hôtel et ne vous arrêtez jamais dans la rue pour compter votre argent.

Billets au marché noir

4 Vous serez peut-être tentés de payer le prix fort pour pouvoir assister à un match ou à un spectacle. Ce sera à vos risques et périls : les billets vendus au marché noir sont parfois des faux.

Monte bonneteau

5 Ce jeu de cartes se déroule dans la rue, surtout autour de Broadway. Si vous voyez un joueur gagner gros, attention, c'est généralement un complice des animateurs. Vous ne gagnerez que si le donneur le veut.

Heures de pointe dans le métro

6 Contrairement aux travailleurs new-yorkais, rien ne vous oblige à prendre les transports en commun pendant les heures de pointe. Évitez donc de prendre le métro entre 7 h et 9 h et entre 16 h 30 et 18 h 30, vos déplacements n'en seront que plus agréables. *(Plus d'informations sur les lignes de métro p. 163.)*

Téléphoner de l'hôtel

7 Il n'existe aucune règle concernant les tarifs téléphoniques pratiqués par les hôtels. Ils sont parfois honteusement élevés, alors lisez attentivement les notices. Mieux vaut utiliser le téléphone public dans le hall ou acheter une carte téléphonique *(p. 169)*.

Petit déjeuner

8 Les petits déjeuners dans les hôtels (lorsqu'ils ne sont pas compris dans le prix de la chambre) sont généralement très chers, les établissements comptant sur la « paresse » de leurs clients. Il sont souvent meilleurs et au moins 2 fois moins chers dans un café.

Bagages

9 Un bon conseil pour éviter les problèmes : découragez les voleurs en leur rendant la tâche plus difficile, notamment en fermant avec soin vos bagages, idéalement avec un petit cadenas, à défaut avec du ruban adhésif. Pensez également à indiquer lisiblement votre itinéraire de voyage sur tous vos bagages. En cas de perte, les compagnies de transport pourront ainsi vous retrouver.
🔊 *Lost and Found (bus et métro) : 212 712 4500 • Lost and Found (taxis) : 311.*

Piétons indisciplinés

10 Ne tentez pas, pour gagner quelques minutes, de traverser au milieu de la circulation plutôt qu'au passage pour piétons, les conducteurs distraits ou pressés – voire les deux – sont légion.

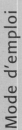

Gauche et centre **Accès facilité dans les bus de New York** Droite **Visite en bus**

TOP 10 Besoins particuliers

1 Sources d'information

Hospital Audiences Inc. publie *Access for All* (5 $), un guide des ressources disponibles de toutes les institutions culturelles de New York. L'Office for People with Disabilities propose des services aux personnes handicapées et des informations sur les équipements de la ville. 🕲 *Hospital Audiences Inc : 212 575 7660 • Office for People with Disabilities : 212 788 2830.*

2 Aménagements pour les handicapés

À New York, la loi exige que tous les équipements datant d'après 1987 disposent d'une entrée et de toilettes accessibles aux handicapés. Tous les bus de la ville sont équipés d'une plate-forme arrière qui s'abaisse pour faciliter l'accès des chaises roulantes, et la plupart des trottoirs sont aménagés.

3 Visites spéciales

Hands On est une organisation consacrée aux malentendants. Elle publie un agenda des visites des musées et des coulisses, des spectacles, des films et autres événements traduits en langage des signes. 🕲 *Hands On : 212 740 3087.*

4 Aide aux malentendants

Les salles de Broadway disposent d'appareils d'amplification gratuits pour les malentendants ; Theater Access Project ou Hands On peuvent organiser une traduction en langage des signes. 🕲 *Theater Access Project : 212 221 1103 • Hands On : 212 740 3087.*

5 Aide aux malvoyants

L'organisation Lighthouse International a pour objectif d'aider les malvoyants dans leur insertion et leur éducation. Elle propose des conseils aux voyageurs et prête des récepteurs pour entendre les nouvelles signalisations sonores sur 59th St et Lexington Ave. 🕲 *Lighthouse International : 111 East 59th St, entre Park et Lexington Aves • plan H4 • 800 829 0500.*

6 Équipements pour enfants et bébés

Les grands magasins sont à peu près les seuls lieux équipés de tables à langer *(p. 64)*. La plupart des restaurants ont des chaises hautes, mais mieux vaut vérifier avant.

7 Gardes d'enfant

Avec The Babysitter's Guild, créé il y a plus de 60 ans, vous disposerez d'une baby-sitter expérimentée. Au « catalogue » : 16 différentes langues. Comptez 15 $ l'heure (4 heures minimum), plus 4,50 $ de transport (7 $ après minuit). 🕲 *The Babysitter's Guild : 212 682 0227.*

8 Assistance juridique

Legal Aid Society offre un service et une traduction gratuits. Legal Services for New York City propose une assistance en cas de problèmes juridiques. 🕲 *The Legal Aid Society : 212 577 3300 • Legal Services for New York City : 212 431 7200.*

9 Numéros utiles en tous genres

Pour trouver la solution à tous vos problèmes. 🕲 *Retouches : Ramon's Tailor Shop : 212 226 0747 • drugstores 24h/24 : Duane Reade : 212 541 9708 ; Eckerd : 212 772 0104 • dépannage de voiture : Citywide Towing : 866 TOWING2 ou 212 244 4420 • objets trouvés, bus et métro : 212 712 4500 • objets trouvés, taxis : 311 • Informations générales New York : 311.*

10 Carte d'étudiant

L'International Student Identity Card (ISIC) donne aux étudiants des réductions sur les transports, les locations de voiture, les hôtels et diverses activités. Si vous l'avez oubliée *(p. 160)*, vous pourrez l'obtenir auprès STA Travel, CTS Travel USA (22 $, sur justificatif et avec photos d'identité). 🕲 *STA Travel : 205 East 42nd St, plan K4, 212 822 2700 • CTS Travel USA : Empire State Building 350 5th Ave, plan K3, 212 760 1287.*

Autres activités avec les enfants **p. 66-67**

Gauche **Boîte aux lettres** Centre **Distributeur de billets** Droite **Guichet de change**

Top 10 Banques et communications

1 Horaires des banques

La plupart des banques sont ouvertes du lun. au ven. de 9 h à 16 h. Certaines agences sont ouvertes plus longtemps, et le week-end. Seules les grandes banques sont dotées de bureaux de change. Pour les opérations de change, munissez-vous de votre passeport.

2 Bureaux de change

People's Foreign Exchange ne facture aucune commission sur ses opérations de change, contrairement à Travelex Currency Services. ✆ *People's Foreign Exchange : 575 5th Ave et 47th St, plan K3, 212 883-0550 • Travelex Currency Services : 1590 Broadway et 48th St, plan J3 • 212 265-6063.*

3 Distributeurs automatiques (ATM)

Les distributeurs automatiques de billets fonctionnent 24h/24 dans toutes les banques. Les cartes bancaires sont presque toutes utilisables. Attention aux frais (généralement 2 %).

4 Cartes bancaires

Les banques du réseau Cirrus acceptent les cartes MasterCard. Les banques du réseau Plus acceptent les cartes Visa. Les détenteurs d'une carte American Express peuvent retirer de l'argent dans les bureaux American Express. ✆ *Pour connaître les banques du réseau Cirrus : 800 424 7787 • réseau Plus : 800 843 7587.*

5 Chèques de voyage

Les chèques de voyage en dollars émis par de grands organismes (American Express ou Travelex) sont généralement acceptés dans les restaurants, les banques et les magasins de tous les pays.

6 Téléphones publics

On trouve des téléphones publics (à pièces ou à carte) un peu partout dans la rue, dans les halls d'hôtel, les restaurants et les grands magasins. Une communication locale de 3 min coûte 25 cents. Les kiosques à journaux vendent des cartes téléphoniques prépayées qui évitent la course à la monnaie.

7 Obtenir le bon numéro

Il existe 5 indicatifs de zone à New York : 212, 917 et 646 pour Manhattan ; les autres *boroughs* utilisent le 718 et le 347. Les 800, 888 et 877 servent aux appels gratuits. Pour appeler un numéro, hors de votre zone comme à l'intérieur de la ville, composez d'abord le 1, puis l'indicatif de zone à 3 chiffres suivi des 7 chiffres du numéro.

Pour appeler depuis la France, composez 00 avant les 11 chiffres.

8 Accès Internet

Beaucoup d'hôtels disposent désormais d'un accès gratuit à Internet. C'est également le cas du département Science et Business de la New York Public Library. ✆ *188 Madison Ave et 34th St • plan K4 • 212 592 7000.*

9 Poste et courrier

Tous les bureaux de poste de la ville sont ouverts du lun. au sam. de 9 h à 17 h. Le General Post Office est ouvert 24h/24. La plupart des hôtels vendent des timbres et expédient le courrier de leurs clients. À l'international, l'affranchissement coûte 90 cents pour les cartes postales et pour les lettres jusqu'à 15 g. ✆ *General Post Office : 421 8th Ave et 33rd St, plan K2, 800 ASK USPS • pour connaître l'adresse des bureaux de poste : 800 275 8777.*

10 Courrier urgent

L'US Post Office Express Mail coûte 49 $ à l'international pour moins de 240 g, avec livraison sous 2 ou 3 jours. Federal Express, DHL et United Parcel Service proposent un enlèvement du colis sur place. ✆ *Federal Express : 800 463 3339 • UPS : 800 742 5877 • DHL : 800 225 5345.*

Gauche **Cabine publique** Centre **Pharmacie** Droite **Ambulance new-yorkaise**

Santé et sécurité

1 Décourager les voleurs

Les pickpockets guettent les touristes, qui commettent parfois l'erreur de se promener avec de grosses sommes sur eux. N'affichez pas votre statut en portant une banane à la ceinture ou un appareil photo en bandoulière.

2 Éviter les escroqueries

Méfiez-vous de ce qui peut détourner votre attention quand vous montez dans le bus ou le métro, car un complice du pickpocket peut surveiller votre portefeuille derrière vous. Méfiez-vous également du matériel électronique bon marché que vous achetez dans la rue.

3 Lieux à éviter

La criminalité est en baisse à New York, mais rien ne sert de prendre des risques. La plupart des parcs sont agréables la journée, mais dangereux la nuit. Les quartiers défavorisés ne sont pas non plus très sûrs la nuit.

4 Sécurité dans les chambres d'hôtel

N'annoncez pas que votre chambre est vide en affichant le panneau « please make up this room » et laissez la lumière allumée si vous pensez rentrer tard. Ne laissez entrer personne d'autre que les femmes de chambre. Au besoin, appelez la réception pour vérifier l'identité de quelqu'un qui prétend faire partie du personnel.

5 Cliniques

Les cliniques DOCS affiliées au Beth Israel Medical Center reçoivent adultes et enfants avec ou sans rendez-vous. ⊗ *55 East 34th St, entre Madison et Park Ave, plan K4, 212 252 6000, ouv. lun.-jeu. 8h-20h, ven. 8h-19h, sam. 9h-15h, dim. 9h-14h • 202 West 23rd St et 7th Ave, plan L3, 212 352 2600.*

6 Urgences hospitalières

Les urgences fonctionnent 24h/24. Si vous le pouvez, appelez d'abord le numéro inscrit sur votre police d'assurance et vérifiez avec quels hôpitaux votre assurance a passé des accords. ⊗ *Roosevelt Hospital : 428 West 59th St et 9th Ave, plan H2, 212 523 6800 • St. Vincent's Hospital : 153 West 11th St et 7th Ave, plan M3, 212 604 7998.*

7 Urgences dentaires

Pour les rages de dents, DOCS vous accueille sans rendez-vous. En cas d'urgence, vous pouvez également contacter le NYU Dental Care. ⊗ *NYU Dental Care: 345 East 24th St, entre 1st et 2nd Aves • plan L4 • 212 998 9800, 212 998 9828 w.-e. et heures de fermeture.*

8 Assurance de voyage

Il est vivement conseillé de s'assurer avant de partir aux États-Unis, car, même si les soins y sont excellents, les frais médicaux y sont particulièrement élevés. Les tarifs varient selon la durée de votre séjour et le nombre de bénéficiaires. Renseignez-vous auprès de votre agence de voyages.

9 Fumer

Il est interdit de fumer dans presque tous les lieux publics new-yorkais, y compris le métro, le cinéma, les restaurants et les bars. Les amendes sont élevées (à partir de 100 $).

10 Assistance téléphonique

Plusieurs services téléphoniques vous accueillent – en anglais – en cas de problème. ⊗ *Suicide : 800 543 3638 • Agression sexuelle : 212 267 7273 • Aide aux victimes : 212 577 7777 • Aide aux voyageurs : 212 944 0013.*

Numéros d'urgence

Police, pompiers et urgences médicales (Medical Emergencies)
911

Service d'urgence médicales (hôtels)
212 737 1212

Bain de soleil à Jones Beach

🔟 Excursions hors de New York

1 Jones Beach State Park
Des kilomètres de plages, des piscines, une promenade avec aires de jeux, un minigolf et des spectacles : un exceptionnel centre de loisirs sur la côte sud de Long Island. ✪ *Long Island Railroad et bus • LIRR : 718 217 5477 • à 90 min de Manhattan.*

2 Fire Island
Pas de voitures sur cette paisible île au large de Long Island entourée de 42 km de plages. On trouve magasins et restaurants dans le minuscule centre du village. ✪ *Long Island Railroad et ferries de Bayshore • LIRR : 718 217 5477 • à 2 h 30 de Manhattan.*

3 The Hamptons
La jet-set adore les très huppés Hamptons, dans l'est de Long Island, pour ses kilomètres de plages et les magnifiques villes coloniales de Southampton et Easthampton. ✪ *Long Island Railroad • LIRR : 718 217 5477 • à 2 h 30 de Manhattan.*

4 Côtes du New Jersey
Avec des plages s'étirant sur toute la longueur de l'État, elles sont idéales pour les familles. On y trouve des promenades animées, des plages préservées et des villes victoriennes comme Spring Lake et Cape May,

où les auberges romantiques ne manquent pas. ✪ *Trains de New Jersey Transit : 800 772 2222 • à 90 min de Manhattan.*

5 Hyde Park
La propriété et la bibliothèque présidentielle de F. D. Roosevelt, la luxueuse demeure Vanderbilt, le Culinary Institute of America et la vue magnifique sur le fleuve sont quelques-uns des charmes de cette ville de la vallée de l'Hudson. Si vous êtes en voiture, allez passer la nuit à Rhinebeck, à 16 km de là. ✪ *Trains de Metro North : 212 532 4900 • bus de Short Line : 800 631 8405 • à 2 h de Manhattan.*

6 Buck's County, PA
Cette enclave de collines, de cours d'eau, de ponts couverts et de fermes en pierre patinée réserve aux visiteurs de confortables auberges, de bons restaurants et des antiquaires de qualité. New Hope, charmant village d'artistes, est le meilleur point de chute. ✪ *Bus de Trans-Bridge Line : 800 962 9135 • à 2 h de Manhattan.*

7 Princeton, NJ
Siège de l'une des plus vieilles et des plus élitistes des universités d'Amérique, Princeton est aussi une adorable ville composée de belles maisons du XVIIIᵉ s. ✪ *Trains de New Jersey Transit pour Princeton :*

973 762 5100 • à 90 min de Manhattan.

8 Philadelphie, PA
Avec son Independence Hall, ses maisons coloniales, ses berges et ses musées, qui abritent quelques célèbres collections d'art impressionniste, Philadelphie offre le parfait complément d'une visite de New York. ✪ *Trains d'Amtrak : (800) USA RAIL • à 1 h 45 de Manhattan.*

9 Caramoor, Katonah
Les 40 ha du domaine de Caramoor accueillent un musée où sont reconstitués des intérieurs de palais d'Europe. Un théâtre vénitien abrite chaque été un festival de musique. ✪ *Metro North « Caramoor Specials » : 212 532 4900 • à 1 h 15 de Manhattan.*

10 Tarrytown Mansions
On vient ici surtout pour Kykuit, la demeure des Rockefeller dominant l'Hudson, mais aussi pour Philipsburg, un domaine agricole hollandais restauré. Un peu plus au sud, à Irvington, on peut voir Sunnyside, la maison de l'écrivain Washington Irving, et Lyndhurst, le palais du financier Jay Gould. ✪ *Trains de Metro North : 212 532 4900, à 1 h de Manhattan • croisières sur la rivière de New York Waterway pour Kykuit : 800 533 3779.*

Gauche **The Four Seasons** Centre **Carlyle** Droite **Pierre**

Les meilleurs hôtels de New York

1 Four Seasons

Le luxe moderne dans une tour spectaculaire de I.M. Pei. Les chambres, parfaitement équipées, sont les plus grandes de la ville. Le bar et le restaurant accueillent le gratin new-yorkais. ◎ *57 East 57th St, New York, NY 10022 • plan H4 • 212 758 5700 • www.four seasons.com • $$$$$.*

2 Carlyle

L'atmosphère feutrée de cet hôtel séduit les célébrités depuis longtemp. Ses chambres au luxe discret sont spacieuses. Le Café Carlyle est le cabaret le plus chic de la ville. ◎ *35 East 76th St, New York, NY 10021 • plan G4 • 212 744 1600 • www.thecarlyle.com • $$$$$.*

3 New York Palace

Luxueusement rénové, cet hôtel occupe les opulentes Villard Houses (1882) et une tour de 55 étages. Les chambres sont, au choix, traditionnelles ou contemporaines. Service assuré par Le Cirque 2000. ◎ *455 Madison Ave et 50th St, New York, NY 10022 • plan J4 • 212 888 7000 • www.newyork palace.com • $$$$$.*

4 Trump International Hotel and Towers

Hauts plafonds et vastes fenêtres, vue fabuleuse, Jacuzzi, service assuré par Jean Georges *(p. 68).* ◎ *1 Central Park West, New York, NY 10023 • plan H2 • 212 299 1000 • www. trumpintl.com • $$$$$.*

5 Peninsula

Le groupe hôtelier de Hong Kong n'a lésiné sur rien pour transformer ce bâtiment de 1905 en un établissement de grand luxe. Chambres contemporaines aux accents Art nouveau et nombreux accessoires high-tech. Superbe salle de remise en forme avec piscine. ◎ *700 5th Ave, New York, NY 10019 • plan H3 • 212 956 2888 • www. peninsula.com • $$$$$.*

6 Pierre

Face à Central Park depuis les années 1930 et membre du groupe Taj Hotel, ce temple de l'élégance attire la haute société grâce à la qualité du service. Sa façade sera totalement restaurée en 2009. ◎ *2 East 61st St, New York, NY 10021 • plan H3 • 212 838 8000 • www.tajhotels.com/ pierre • $$$$$.*

7 St. Regis

Dans ce bel édifice Beaux-Arts, les chambres sont meublées Louis XVI, les murs sont tapissés de soie et un maître d'hôtel satisfera tous vos besoins. Cerise sur le gâteau, le restaurant français Adour d'Alain Ducasse se trouve tout à côté. ◎ *2 East 55th St, New York, NY 10022 • plan H4 • 212 753 4500 • www.stregis. com • $$$$$.*

8 The Mark

Élégance discrète pour cet hôtel contemporain, membre du prestigieux groupe Mandarin. La clientèle internationale apprécie le mobilier Biedermeier, les gravures anciennes, le linge luxueux. ◎ *25 East 77th St, New York, NY 10021 • plan F3 • 212 744 4300 • www.themarkhotel. com • $$$$$.*

9 Hotel Plaza Athénée

Le célèbre hôtel parisien a ouvert cet établissement de 152 chambres intimistes dans une rue tranquille d'Upper East Side. Centre de remise en forme et personnel à l'affût de vos moindres besoins. ◎ *37 East 64th St, New York, NY 10021 • plan H4 • 212 734 9100 • www.plaza-athenee.com • $$$$$.*

10 Mandarin Oriental

Si votre compte en banque le permet, offrez-vous quelques nuits de rêve dans ce luxueux hôtel avec vue sur Central Park et les toits de la ville. Les prestations sont excellentes : écran plat, accès Internet haut débit, Spa sublime. ◎ *80 Colombus Circle, New York, NY 10023 • plan H2 • 212 805 8800 • www.mandarinoriental. com • $$$$$.*

Sauf indication contraire, les hôtels acceptent les cartes de paiement, les chambres disposent d'une salle de bains et sont climatisées.

Catégories de prix

Prix par nuit pour une
chambre double avec   **$** moins de 150 $
petit déjeuner (s'il   **$$** de 150 à 250 $
est inclus), taxes et   **$$$** de 350 à 450 $
service compris.   **$$$$** plus de 450 $

Gauche **L'extérieur du Plaza** Centre **Renaissance New York** Droite **Le Parker Meridien**

🔟 Hôtels de luxe

1 Sherry Netherland
Construit en 1927,
cet hôtel très orné
comprend un spectacu-
laire hall en marbre et en
bronze. L'horloge exté-
rieure signale l'entrée de
la 5th Ave. Les chambres
sont spacieuses et
offrent pour la plupart
une superbe vue sur
Central Park. ◎ *781 5th
Ave, New York, NY 10022
• plan H3 • 877 743 7710
• www.sherrynetherland.
com • $$$$$.*

**2 Renaissance
New York**
Oasis haut de gamme
dans Theater District,
avec hall élégant, beaux
meubles classiques
et grandes baignoires.
Du restaurant, vue
imprenable sur Times
Square. ◎ *714 7th Ave,
New York, NY 10026
• plan J3 • 212 765 7676
• www.renaissance
hotels.com • $$$-$$$$.*

3 Michelangelo
Les chambres de
cet hôtel italien sont
vraiment spacieuses.
Au choix : styles Arts
déco, campagnard et
néoclassique. ◎ *152 West
51st St, New York, NY
10019 • plan J3 • 212 765
0505 • www.michel
angelohotel.com • $$$$.*

4 The London NYC
Luxueusement réno-
vé en 2007, cet immeuble
de 54 étages comprend
564 suites lumineuses et
bien équipées. Le chef
étoilé Gordon Ramsay y a
ouvert un petit restaurant
très intime de 45
couverts. ◎ *151 West 54th
St, New York, NY 10019
• plan H3 • 866 690 2029
• www.thelondonNYC.com
• $$$$-$$$$$.*

5 Regency Hotel
Un temple de dorures
et de miroirs apprécié
des stars. Le décor
Régence et les suites
surdimensionnées ont
inspiré son nom. Le
restaurant « 540 » sert
de solides petits déjeu-
ers et devient, le soir, un
club : le Feinstein *(p. 56).*
◎ *540 Park Ave, New York,
NY 10021 • plan H4 • 212
759 4100 • www.loew
hotels.com/regency
• $$$$-$$$$$.*

6 Le Parker Meridien
Les grands espaces
publics, les installations
de remise en forme et la
piscine sur le toit sont
ses atouts. Les chambres
compactes, rénovées en
merisier et en cèdre,
sont équipées de sièges
ergonomiques, de
téléviseurs géants et
de lecteurs DVD/CD.
◎ *118 West 57th St, New
York, NY 10019 • plan H3
• 212 245 5000
• www.parkermeridien.com
• $$$$.*

7 70 Park Avenue
Un petit paradis
raffiné. Les chambres sont
meublées en style néo-
classique dans les tons
vert et or. Grand centre
de remise en forme.
◎ *70 Park Ave, New York,
NY 10016 • plan K4
• 212 973 2400
• www.70parkave.com
• $$$.*

8 The Plaza
Le doyen des hôtels
new-yorkais. Ouvert en
1907, le bâtiment de style
Renaissance française de
19 étages est aujourd'hui
classé monument
historique. L'hôtel a
rouvert en 2008 après
des travaux durs et onéreux.
◎ *5th Ave et Central Park
South, New York, NY 10019
• plan H3 • 212 759 3000
• www.fairmont.com/
theplaza • $$$$-$$$$$.*

9 Sofitel
Bien qu'il n'ait été
construit qu'en 2000,
cet hôtel dégage une
élégante atmosphère du
siècle dernier. Les cham-
bres sont confortables,
décorées avec soin et
insonorisées. La boutique
de souvenirs propose des
produits gastronomiques
français durs à trouver
à New York. ◎ *45 West
44th St, New York, NY
100136 • plan J3
• 212 354 8844 • www.
sofitel.com • $$$-$$$$.*

10 Waldorf-Astoria
Ce monument
Arts déco possède
un hall somptueux
et 1 407 chambres – dont
certaines sont superbes,
mais d'autres décevantes.
◎ *301 Park Ave, New York,
NY 10017 • plan J4
• 212 355 3000
• www.waldorf astoria.com
• $$-$$$$$.*

Gauche **Warwick Hotel** Centre **Mansfield Hotel** Droite **Roger Williams Hotel**

Hôtels à prix moyens

1 San Carlos Hotel
Avec ses petites attentions – journaux du matin, chocolats posés sur l'oreiller le soir, écrans plats, produits de salle de bains Aveda –, cet hôtel possède le standing d'un 4 étoiles. Le décor est moderne, et il y a même une salle de gym. ✆ 150 East 50th St New York, NY 10022 • plan J4 • 800 722 2012 • www.sancarloshotel.com • $$$.

2 Warwick Hotel
William Randolph Hearst a bâti cet hôtel en 1927. Depuis, les célébrités lui sont fidèles. Sa restauration récente a fait grimper les prix : un élégant décor et des salles de bains en marbre ont été ajoutés. ✆ 65 West 54th St, New York, NY 10019 • plan J3 • 212 247 2700 • www.warwickhotelny. com • $$$-$$$$.

3 Mansfield Hotel
Dans Theater District. Le petit déjeuner et le thé y sont servis avec élégance dans une salle au dôme en cuivre. La bibliothèque est décorée de dessins originaux d'Elie Nadelman. ✆ 12 West 44th St, New York, NY 10036 • plan J4 • 212 277 8700 • www.mansfield hotel.com • $$$.

4 Algonquin Hotel
Une institution du monde littéraire, où le New Yorker tenait sa « Table ronde », comme le rappelle le papier peint orné d'illustrations du quotidien dans le hall. Les chambres sont petites mais charmantes. ✆ 59 West 44th St, New York, NY 10019 • plan J3 • 212 840 6800 • www. algonquinhotel.com • $$$.

5 Salisbury Hotel
Bien situé pour Carnegie Hall, les boutiques et les théâtres. L'ambiance est calme et discrète. Décor traditionnel américain, chambres de bonne taille et nouvelle salle agréable pour le petit déjeuner. ✆ 123 West 57th St, New York, NY 10019 • plan H3 • 212 246 1300 • www.nycsalisbury.com • $$$.

6 Roger Williams Hotel
Atrium orné de colonnes en zinc cannelé, mobilier en érable ultramoderne et lounge en mezzanine pour le petit déjeuner. ✆ 131 Madison Ave, New York, NY 10016 • plan L4 • 212 448 7000 • www. rogerwilliamshotel.com • $$$.

7 Hotel Élysée
La convivialité d'une petite auberge où l'on vous servira le petit déjeuner, mais aussi du vin et des hors-d'œuvre le soir. Le service est assuré par le légendaire Monkey Bar & Restaurant. ✆ 60 East 54th St, New York, NY 10022 • plan J4 • 212 753 1066 • www.elyseehotel.com • $$$-$$$$.

8 Blakely New York
L'ambiance cosmopolite s'affiche dès le hall Arts déco, où des horloges donnent l'heure dans le monde entier. Chambres contemporaines avec mobilier laqué rouge et kitchenettes. ✆ 136 West 55th St, New York, NY 10019 • plan H3 • 212 245 1800 • www.blakely newyork.com • $$$.

9 Shoreham
Salles de bains personnalisées, éclairages et textures originaux, et chambres aux tons pastel. Petit déjeuner et rafraîchissements inclus. ✆ 33 West 55th St, New York, NY 10019 • plan H3 • 212 247 6700 • www.shorehamhotel. com • $$$.

10 Doubletree Guest Suites
Pour le prix d'une chambre d'hôtel standard, vous disposerez de 2 chambres confortables (dont une avec un canapé convertible), 2 téléviseurs et une kitchenette. Les enfants sont accueillis sans supplément et disposeront d'une salle de jeux. ✆ 1568 Broadway, New York, NY 10036 • plan J3 • 212 719 1600 • www.doubletreehotels. com • $$$.

174

Sauf indication contraire, les hôtels acceptent les cartes de paiement, les chambres disposent d'une salle de bains et sont climatisées.

Mode d'emploi

Gauche **Hotel Edison** Droite **Carlton Arms**

Catégories de prix

Prix par nuit pour une chambre double avec petit déjeuner (s'il est inclus), taxes et service compris.	**$** moins de 150 $ **$$** de 150 à 250 $ **$$$** de 350 à 450 $ **$$$$** plus de 450 $

🔟 Hôtels bon marché

1 Cosmopolitan Hotel

Une petite perle au cœur du quartier branché de TriBeCa. Les chambres sont très bien tenues avec salles de bains petites mais propres. Accès facile aux transports publics. ◎ 95 West Broadway, New York, NY 10007 • plan Q3 • 212 566 1900 • www.cosmohotel. com • $$.

2 The Pod Hotel

Les chambres sont petites, mais l'hôtel est idéalement situé. Tendances high-tech avec wifi et connexions IPod gratuites. Dans les chambres doubles, possibilité de lits superposés. Les plus simples, avec salle de bains commune, sont à moins de 100 $. ◎ 230 East 51st St, New York, NY 10022 • plan J4 • 212 355 0300 • www. thepodhotel.com • $.

3 Gershwin Hotel

Une façade rouge ornée d'immenses formes abstraites blanches cache une adresse bon marché. Clientèle jeune, chambres sans fioritures, mais équipées de téléviseurs et de salles de bains. ◎ 7 East 27th St, New York, NY 10016 • plan L3 • 212 545 8000 • www. gershwinhotel.com • $$.

4 Herald Square Hotel

Un nid minuscule rénové avec goût. Le chérubin qui surplombe la porte d'entrée date de l'époque où ce bâtiment Beaux-Arts abritait, à ses débuts, le magazine Life. ◎ 19 West 31st St, New York, NY 10001 • plan K3 • 212 279 4017 • www. heraldsquarehotel.com • $.

5 Hotel Edison

Un bon rapport qualité-prix pour Theater District. Hall Arts déco surprenant, chambres petites mais bien décorées. Le café de l'hôtel est depuis longtemps une bonne adresse pour manger sans se ruiner avant le spectacle. ◎ 228 West 47th St, New York, NY 10036 • plan J3 • 212 840 5000 • www. edisonhotelnyc.com • $$.

6 La Quinta Manhattan

Un hôtel de Midtown dans un block réputé pour ses restaurants coréens. Chambres confortables et services haut de gamme à des prix corrects. ◎ 17 West 32nd St, New York, NY 10001 • plan K3 • 212 736 1600 • www.applecore hotels.com • $-$$$.

7 Hotel 57

Une adresse très bien située, récemment rénovée avec soin et quelque raffinement. Chambres petites (certaines avec salle de bains), mais équipées de téléviseur, de l'accès Internet et d'un mobilier moderne. ◎ 130 East 57th St, New York, NY 10022 • plan H4 • 212 753 8841 • www.hotel57.com • $$.

8 Carlton Arms

Ni télévision ni téléphone dans les chambres, mais une clientèle jeune qui aime les petits prix, l'esprit branché et le hall aux murs décorés par de jeunes artistes. Une vingtaine des 54 chambres sont équipées de salle de bains. ◎ 160 East 25th St, New York, NY 10010 • plan L4 • 212 679 0680 • www.carltonarms.com • PC • $.

9 Hostelling International

L'établissement accueille à petits prix une clientèle de tous âges dans ses 628 lits répartis dans des chambres de 4 à 12 lits. Café, cafétéria et cuisine en libre accès. ◎ 891 Amsterdam Ave, New York, NY 10025 • plan D2 • 212 932 2300 • www. hinewyork.org • $.

10 Metro-home

Cette compagnie propose des meublés (du studio au F3) à prix variés dans toute la ville. Les réfrigérateurs sont garnis pour le petit déjeuner. Assurez-vous de la proximité des transports en commun. ◎ 515 Madison Ave, 25e ét., New York, NY 10022 • plan K3 • 212 965 1102 • www. metro-home.com • $-$$$.

Gauche **The Muse** Centre **Inn at Irving Place** Droite **Iroquois**

🔟 Hôtels de charme

1 Library Hotel
Cet hôtel de 60 chambres déborde de livres. Chaque étage est consacré à un thème : arts, philosophie, voyage, littéraire… Salon et terrasse sur le toit. ◈ *299 Madison Ave, New York, NY 10017 • plan K4 • 212 983 4500 • www.libraryhotel.com • $$$-$$$$.*

2 The Muse
Ce nouveau petit hôtel de Theater District possède un beau hall décoré de peintures murales inspirées de Matisse, et des chambres de bonne taille aux couleurs pastel et aux couvre-lits lumineux. ◈ *130 West 46th St, New York, NY 10036 • plan J3 • 212 485 2400 • www.themusehotel.com • $$$.*

3 Hotel Wales
Atmosphère européenne dans cet élégant hôtel récemment rénové. Terrasse panoramique sur le toit. Le petit déjeuner et le thé sont servis dans une salle décorée d'illustrations de livres pour enfants. ◈ *1295 Madison Ave, New York, NY 10128 • plan E4 • 212 876 6000 • www. waleshotel.com • $$$.*

4 Lowell
Luxueux et intimiste, le Lowell possède un charme suranné où se mêlent les styles français, Arts déco et oriental. Ses chambres et ses suites possèdent une cheminée et une bibliothèque, et sont ornées de bouquets de fleurs. Baignoires en marbre. ◈ *28 East 63rd St, New York, NY 10021 • plan H4 • 212 838 1400 • www.lowellhotel.com • $$$$-$$$$$.*

5 Iroquois
Une de ses suites porte le nom de James Dean, qui y vécut de 1951 à 1953. Sandra Bullock et Johnny Depp y séjournèrent également. Les chambres, de dimensions modestes, sont luxueuses. ◈ *49 West 44th St, New York, NY 10036 • plan J3 • 212 840 3080 • www. iroquoisny.com • $$$.*

6 Inn at Irving Place
Dans de petites maisons de ville, les chambres sont dotées de cheminées et équipées de splendides salles de bains. ◈ *56 Irving Place, New York, NY 10002 • plan M4 • 212 533 4600 • www.innatirving. com • $$$.*

7 Casablanca
Dans Theater District, un hôtel de 48 chambres qui sort vraiment de l'ordinaire. Son décor est de style marocain, avec céramiques, voûtes et ventilateurs au plafond. Les chambres, petites, sont bien meublées. Petit déjeuner continental servi au Rick's Café… ◈ *147 West 43rd St, New York, NY 10036 • plan J3 • 212 869 1212 • www.casa blancahotel.com • $$$.*

8 Hotel Giraffe
Un nouvel hôtel de 73 chambres. Hall de verre ensoleillé, décor rétro et délicieuse terrasse sur le toit. Commandes à la tête de lit, même pour les stores. Petit déjeuner, snacks, vin et champagne inclus dans le prix de la chambre. ◈ *365 Park Avenue South, New York, NY 10016 • plan L4 • 212 685 7700 • www.hotel giraffe.com • $$$-$$$$.*

9 Dylan
La façade de 1903 de l'ancien Chemists' Club a été restaurée, mais l'intérieur a été revisité dans un style zen. Le magnifique hall accueille le restaurant Virot. ◈ *52 East 41st St, New York, NY 10017 • plan K4 • 212 338 0500 • www.dylanhotel.com • $$$-$$$$$.*

10 Bryant Park
L'American Radiator Building, construit en 1924 par Raymond Hood, abrite aujourd'hui un hôtel ultracontemporain avec d'immenses baies vitrées, des bureaux de réception en laque rouge et des chambres aux tons pastel. Le summum du minimalisme. ◈ *40 West 40th St, New York, NY 10018 • plan K3 • 212 869 0100 • www.bryantpark hotel.com • $$$$$.*

Sauf indication contraire, les hôtels acceptent les cartes de paiement, les chambres disposent d'une salle de bains et sont climatisées.

Catégories de prix

Prix par nuit pour une chambre double avec petit déjeuner (s'il est inclus), taxes et service compris.

$ moins de 150 $
$$ de 150 à 250 $
$$$ de 350 à 450 $
$$$$ plus de 450 $

Gauche **TriBeCa Grand Hotel** Droite **SoHo Grand Hotel**

10 Hôtels branchés

1 SoHo Grand Hotel
Un hôtel installé dans un magnifique immeuble en fonte. Le cadre est spectaculaire et contemporain, et le Grand Bar toujours très animé. ☜ *310 West Broadway, New York, NY 10013 • plan P3 • 212 965 3000 • www.sohogrand. com • $$$$-$$$$$.*

2 TriBeCa Grand Hotel
Le premier hôtel de TriBeCa est un succès. Tout le quartier se retrouve au Church Lounge, le fabuleux hall-bar aux 70 colonnes de lumière translucides. Chambres calmes équipées de toutes sortes de gadgets high-tech. ☜ *2 6th Ave, New York, NY 10013 • plan P3 • 212 519 6600 • www.tribeca grand.com • $$$$-$$$$$.*

3 W Union Square
Le designer David Rockwell a transformé cet immeuble Beaux-Arts en un *must* contemporain. Comme dans tous les hôtels du groupe W, vous trouverez dans le hall une bibliothèque et des jeux d'échecs. ☜ *201 Park Ave South, New York, NY 10003 • plan M4 • 212 253 9119 • www.whotels.com • $$$-$$$$$.*

4 Morgans Hotel
Le premier – et discret – hôtel new-yorkais de Ian Schrager a conservé une clientèle fidèle qui aime son aspect dénudé et ses équipements. Le hall jouxte le restaurant des stars : l'Asia de Cuba. ☜ *237 Madison Ave, New York, NY 10016 • plan K4 • 212 686 0300 • www. morganshotel.com • $$-$$$.*

5 Royalton
Le monde des médias et de la mode adore ce fruit de la collaboration de Ian Schrager et de Philippe Starck. Hall spatio-temporel, couloirs incurvés et salles de bains délirantes. ☜ *44 West 44th St, New York, NY 10036 • plan J3 • 212 869 4400 • www.royaltonhotel. com • $$$-$$$$.*

6 Paramount
Situé comme il se doit dans Theater District, cet hôtel a des allures de théâtre grâce à son escalier spectaculaire et au vaste hall de Philippe Starck. Ian Schrager destinait cet hôtel à une clientèle jeune et branchée, qui s'y bouscule malgré des chambres peu spacieuses, dont la taille est compensée par une décoration ludique. ☜ *235 West 46th St, New York, NY 10036 • plan J2 • 212 764 5500 • www.nyc paramount.com • $$$.*

7 Hudson Hotel
Le duo Schrager-Starck n'a lésiné sur rien pour cette fantaisie de 1 000 chambres, où le mélange des styles est qualifié de « chaos organisé ». ☜ *356 West 58th St, New York, NY 10019 • plan H2 • 212 554 6000 • www.hudsonhotel. com • $$.*

8 Time Hotel
Rouge vif, jaune clair ou bleu ? Chacune des 164 chambres de cet hôtel est dominée par une couleur, selon la volonté du designer Adam Tihany. Un superbe ascenseur de verre et de chrome mène au bar du 1er étage. ☜ *224 West 49th St, New York, NY 10036 • plan J3 • 212 246 5252 • www. thetimeny.com • $$$.*

9 Mercer Hotel
Cet hôtel, situé dans une structure bâtie en 1890 pour John Jacob Astor II, fait bon usage des vastes espaces. Look tendance chic dépouillé. ☜ *147 Mercer St, New York, NY 10012 • plan N4 • 212 966 6060 • www.mercerhotel. com • $$$$-$$$$$.*

10 W Times Square
Le groupe hôtelier W a transformé un hôtel ordinaire en adresse branchée. La combinaison gagnante : vaste hall, chambres très lumineuses et mobilier contemporain dans un espace restreint bien agencé. ☜ *W Times Square, 1567 Broadway et 47th St, New York, NY 10036 • plan J3 • 212 930 7400 • www. whotels.com • $$$-$$$$$.*

Gauche **Benjamin** Centre **Hilton New York** Droite **Metropolitan**

10 Hôtels pour séjour d'affaires

1 Hilton New York

L'hôtel d'affaires par excellence : 2 040 chambres, un emplacement central, une immense salle de réception et des salles de réunion. Les chambres ont été rénovées récemment et un grand club de remise en forme avec Jacuzzi a été créé. ✪ 1335 6th Ave, New York, NY 10019 • plan J3 • 212 586 7000 • www.hilton.com • $$$-$$$$.

2 Millennium Broadway

Un gratte-ciel postmoderne aux lignes pures. Les chambres assez compactes, regorgent de gadgets high-tech, dont une messagerie vocale en 4 langues. ✪ 145 West 44th St, New York, NY 10036 • plan J3 • 212 768 4400 • www.millennium hotels.com • $$$$.

3 Benjamin

Cet immeuble bâti par Emery Roth (1927) abrite aujourd'hui des suites comportant tous les équipements high-tech nécessaires. Restaurant – An American Place – réputé. ✪ 125 East 50th St, New York, NY 10022 • plan J4 • 212 715 2500 • www.thebenjamin. com • $$$-$$$$.

4 Beekman Tower Hotel

Dans ce joyau Arts déco, les suites spacieuses sont équipées de kitchenettes. Au 26e étage, le lounge Top of the Tower est parfait pour se détendre. ✪ 3 Mitchell Place, 49th St, New York, NY 10017 • plan J5 • 212 355 7300 • www.affinia. com • $$$-$$$$.

5 Metropolitan

Récemment rénovées, les 722 chambres tout confort et suites sont d'un bon rapport qualité-prix. Centre de remise en forme. ✪ 569 Lexington Ave, New York, NY 10022 • plan J4 • 212 752 7000 et 800 836 6471 • www.metropolitan hotelnyc.com • $$$.

6 Hotel Metro

Atmosphère Arts déco et chambres spacieuses pour cet hôtel d'un bon rapport qualité-prix. Bibliothèque, terrasse sur le toit et vaste salle à manger. ✪ 45 West 35th St, New York, NY 10001 • plan K3 • 212 947 2500 • www.hotel metronyc.com • $$.

7 Millennium U.N. Plaza Hotel

La tour élancée de Kevin Roche attire une clientèle internationale, qui apprécie la vue panoramique depuis son hôtel (à partir du 28e étage), la piscine intérieure avec vue sur la ville, et – unique dans un hôtel à New York – un court de tennis intérieur. ✪ U.N. Plaza, 1st Ave et 44th St , New York, NY 10017 • plan J5 • 212 758 1234 • www. unplaza.com • $$$$.

8 Sheraton Manhattan

Cet hôtel de 22 étages en plein cœur de Theater District – version plus calme de son jumeau et voisin, le Sheraton New York, grand centre de convention – possède une piscine couverte et un sauna. ✪ 790 7th Ave, New York, NY 10019 • plan J3 • 212 581 3300 et 800 223 6550 • www.sheraton. com • $$$-$$$$$.

9 Gild Hall

Combinant luxe et business, le Gild Hall est situé au cœur du quartier financier, et appartient au Thompson Hotel Group. Ses chambres sont élégantes et bien équipées. L'hôtel propose aussi une bibliothèque, un bar à champagne et un restaurant géré par Todd English. ✪ 15 Gold St, New York, NY 10038 • plan Q4 • 212 232 7700 • www.thompsonhotels. com • $$$-$$$$.

10 Ritz-Carlton New York Battery Park

Luxueux jusque dans les moindres détails, il offre de splendides vues sur le port. Les télescopes dans les chambres donnent sur la statue de la Liberté et les salles de bains sont dotées de baignoires en marbre. L'hôtel propose de nombreux services pour les enfants. ✪ 2 West St, New York, NY • plan Q3 • 212 344 0800 • www.ritzcarlton.com • $$$$.

Sauf indication contraire, les hôtels acceptent les cartes de paiement, les chambres disposent d'une salle de bains et sont climatisées.

Gauche **Lucerne** Droite **Excelcior**

🔟 Hôtels de quartier

Lucerne
Upper West Side abrite des hôtels offrant un excellent rapport qualité-prix. Dans son bâtiment de 1903, le Lucerne arrive en tête. Hall accueillant, centre de remise en forme, centre d'affaires, terrasse sur le toit et chambres décorées avec goût. ✆ *201 West 79th St, New York, NY 10024 • plan F2 • 212 875 1000 • www. thelucernehotel.com • $$$.*

Excelsior
Hall luxueux pour cet hôtel récemment rénové. Décor classique, nombreuses suites et bons équipements (ordinateurs et télécopieurs dans les chambres). Bibliothèque, salle à manger, terrasses et salle médias. ✆ *45 West 81st St, New York, NY 10024 • plan F2 • 212 362 9200 et 800 368 4575 • www.excelsior hotelny.com • $$.*

Hotel Beacon
Un hôtel confortable et convivial. Les vastes chambres possèdent une kitchenette (réfrigérateur et four à micro-ondes). ✆ *2130 Broadway, New York, NY 10023 • plan G2 • 212 787 1100 • www. beaconhotel.com • $$.*

Belleclaire Hotel
Les chambres de cet établissement rénové sont simples, mais bien conçues et élégantes. Les salles de bains sont petites, et communes avec certaines chambres. Avec des enfants, demander une suite familiale avec une seule salle de bains. Situation à proximité de lignes de métro express, idéale pour les visites. ✆ *250 West 77th St, New York, NY 10024 • plan F2 • 212 362 7700 • www hotelbelleclaire.com • $$.*

The Inn on 23rd
Ce *Bed and Breakfast* secret et charmant possède 14 chambres différentes et joliment décorées. Le petit déjeuner est servi dans la bibliothèque, où se trouve également un bar. ✆ *131 West 23rd St, New York, NY 10011 • plan L3 • 212 463 0330 • www.innon23rd. com • $$-$$$.*

Franklin
Un hôtel abordable d'Upper East Side. On y vient plus pour son atmosphère que pour l'espace, même si le mobilier aux lignes pures est adapté à la modeste taille des chambres. Petit déjeuner inclus, boissons chaudes servis gracieusement toute la journée. ✆ *164 East 87th St, New York, NY 10128 • plan F4 • 212 369 1000 • www. franklinhotel.com • $$$.*

Chelsea Savoy
Excellent hôtel de quartier, à proximité des boutiques, des brocantes, des cafés et des galeries de Chelsea. Chambres agréablement décorées et bien équipées. ✆ *204 West 223rd St, New York, NY 10011 • plan L2 • 212 929 9353 • www. chelseasavoynyc.com • $$.*

Best Western Seaport Inn
Dans un bâtiment restauré du XIXe s., près de South Street Seaport. Magnétoscope et réfrigérateur dans les chambres, petit déjeuner inclus. ✆ *33 Peck Slip, New York, NY 10038 • plan Q4 • 212 766 6600 et 800 468 3569 • www.best western.com • $$.*

Washington Square Hotel
Un petit paradis au cœur de Greenwich Village. Les chambres sont minuscules, les couloirs étroits, mais le décor est charmant. Vous pourrez dire que vous avez séjourné dans le même hôtel que Bob Dylan et Joan Baez. Petit déjeuner inclus. ✆ *103 Waverly Place, New York, NY 10011 • plan N3 • 212 777 9515 • www.wshotel.com • $$.*

60 Thompson
Le nouvel hôtel de luxe de SoHo. Ses 100 chambres sont élégamment décorées. Le jardin sur le toit offre une belle vue et la terrasse sur la rue est un parfait poste d'observation de la vie du quartier. ✆ *60 Thompson St, New York, NY 10012 • plan N3 • 212 431 0400 • www. 60thompson.com • $$$$.*

Index

Remerciements

L'auteur

Eleanor Berman, New-Yorkaise de longue date, a voyagé sur les 6 continents. Elle est l'auteur du *DK Eyewitness New York Travel Guide* (lauréat du prix Thomas Cook, 1994), du *New York Neighborhoods* (lauréat du prix Independent Publishers, 2000) et de 9 autres guides de voyage. Elle est également la correspondante du site Web de voyage Expedia.

Direction éditoriale Felicity Crowe, Marianne Petrou, Marcus Hardy
Direction artistique Gillian Andrews, Gillian Allan, Marisa Renzullo
Direction de la publication Louise Lang, Kate Poole, Scarlett O'Hara
Photographies David King, Tim Knox
Autres photographies
Rebecca Carma, Tony Foo, Andrew Holigan, Edvard Huember, Dave King, Norman McGrath, Michael Moran, Susan Sayler, Paul Solomon, Chuck Spang, Chris Stevens, Shawn Thomas, Robert Wright.
Illustrations Chris Orr & Associates
Cartographie Casper Morris
Édition Caroline Taverne
Plans John Plumer
Recherches Vivienne Foley
Iconographie Jenny Silkstone, Lilly Sellar
Relecture Stephanie Driver
Index Hilary Bird
Informatique éditoriale Jason Little
Fabrication Joanna Bull, Marie Ingledew

Avec la collaboration de :
Emma Anacootee, Sonal Bhatt, Tessa Bindloss, Sherry Collins, Nicola Erdpresser, Gadi Farfour, Anna Freiberger, Jo Gardner, James Hall, Rose Hudson, Claire Jones, Marianne Petrou, Pollyanna Poulter, Colette Sadler, David Saldanha, Sands Publishing Solutions, Melanie Simmonds, Hayley Smith, Brett Steel, Rachel Symons, Andrew Szudek, Shawn Thomas, Karen Villabona, Ros Walford.

Crédits photographiques

h = en haut ; hg = en haut à gauche ; cgh = au centre à gauche en haut ; ch = au centre en haut ; hd = en haut à droite ; cdh = au centre à droite en haut ; cg = au centre à gauche ; c = au centre ; cd = au centre à droite ; cgb = au centre à gauche en bas ; cb = au centre en bas ; cdb = au centre à droite en bas ; bg = en bas à gauche ; b = en bas ; bc = en bas au centre ; bd = en bas à droite.

Les œuvres d'art ont été reproduites avec la permission des détenteurs du copyright : *Untitled* de Christian Boltanski © ADAGP, Paris et DACS, Londres 2006 99bg ; *Group of Four trees* de Jean Dubuffet © ADAGP, Londres 2006 76 hd ; *Five in One* de Tony Rosenthal © DACS, Londres 2006 78 hd.

L'éditeur exprime ses remerciements aux particuliers, aux sociétés et aux bibliothèques qui ont autorisé la reproduction de leurs photographies :
ALAMY IMAGES : Black Star/ Jochen Tack/Das Fotoarchiv 60 hc ; *Charging Bull* © Arturo di Modica, photo Kevin Foy 75 hg ;

AMERICAN FOLK ART MUSEUM, NEW YORK : John Parnell 19c ; AMERICAN MUSEUM OF NATURAL HISTORY, Courtesy Department of Library Services : 35c, 35b, 35h, 37c, 37b, 138cd ; D. Finnin 36hg, 36hc, 36hd, 36c ; ANDREA ROSEN GALLERY : *The Universal Cell* de Matthew Ritchie, photo Tom Powel 120 hd ; ASSOCIATED PRESS AP : Stephen J. Boitano 49b ; AXA FINANCIAL, INC. : *City Building* d'*America Today*, Thomas Hart Benton, 1931. Détrempe sur toile enduite et vernis à l'huile 2,40 x 2,80 m. Collection AXA Financial, Inc. par l'intermédiaire de sa filiale The Equitable Life Assurance Society of the U.S. © T.H. Benton and R.P. Benton Testamentary Trusts/DACS, Londres/VAGA, New York 2006 14hg.

MARY BOONE GALLERY : Eric *Fischl Installation* (1999) ZINDMA/ FREMONT, N.Y.C. : 42hg ; THE BOUTIQUE HOTEL GROUP : 174hc, 174hd ; BROOKLYN MUSEUM, New York : 154hg ; Adam Husted 40hd.

CENTRAL PARK CONSERVANCY : Sara Cedar Miller 26b, 27b ; CHANTERELLE : 103ch ; CHILDREN'S MUSEUM OF THE ARTS : 99bg ; COACH USA : 164hc ; COLORIFIC: Black Star 18b ; PAULA COOPER GALLERY : *Prospective Retrospective* de Carl Andre 43c, Adam Reich 42hd. CORBIS : 17cd, 48c, 48ch, 158-159 ; Nathan Benn 45cg ; Bettman 19h, 20hg, 20c, 20b ; 25h, 48hg, 49h ; ChromoSohm Inc 4-5 ; Duomo 63c, Duomo / Chris Trotman 63h ; Patrik Giardino

167h ; Lynn Goldsmith 10-11c ; Dave Houser 62c ; David Katzenstein 62b ; Kit Kittle 128hd ; Bob Krist 168hd ; Lawrence 70-71 ; James Marshall 157h ; Gail Mooney 9h, 18cg, 22c, 64b, 128hc ; Kelly Mooney 74 bd, 116cd, 119h ; Museum of the City of New York 48hc ; Charles O'Rear 38-39 ; Bill Ross 16h ; Lee Snider 10cg ; Visions of America/ Joseph Sohm 162hc ; Michael S. Yamashita 3bg, 131.

RESTAURANT DANIEL : Peter Medliek 137hg ; RESTAURANT DANUBE : Thomas Schauer 68 hg ; DEPARTMENT : 170hd.

HOTEL EDISON : 175hg ; HOTEL EXCELSIOR 179 ch.

FAIRMONT HOTELS & RESORTS 173 hg ; FLUTE CHAMPAGNE LOUNGE 54 hg.

GLADSTONE GALLERY : *Dereconstruction* de Matthew Higgs, David Regen 120 hg ; THE SOLOMON R. GUGGENHEIM FOUNDATION, New York : *Devant le miroir*, Édouard Manet, 1876, Thannhauser Collection, don de Justin K. Thannhauser 1978, photo David Heald 33h ; *Lignes noires*, Wassily Kandinsky, 1913, don de Solomon R. Guggenheim 1937, photo David Heald © ADAGP, Paris et DACS, Londres 2006 33b ; *Haere Mai*, Paul Gauguin, Thannhauser Collection, don de Justin K. Thannhauser 1978 33d ; *L'Ermitage à Pontoise*, Camille Pissarro, Thannhauser Collection, don de Justin K. Thannhauser 1978 32c ; *La Femme aux cheveux jaunes*, Pablo Picasso, décembre 1931, Thannhauser Collection, don de Justin K. Thannhauser, photo David Heald © Succession Picasso/DACS 2006 32b.

HARRIS LEVY : 94hd ; HILTONS OF NEW YORK CITY : 178hc ; HULTON GETTY ARCHIVE : 20hd ; Ernst Haas 20hc.

THE IMAGE BANK/GETTY IMAGES : 59cg ; IMAGE STATE : AGE Fotostock 96-97 ; THE IRVING PLACE : Roy J. Wright 176hc.

JAZZ PROMO SERVICES : 52hd ; JOAN MARCUS : 23b, 25c, 25b.

LUCKY CHENG'S : 60 hg.

THE METROPOLITAN MUSEUM OF ART, NY : 28b, 29cb ; *Les Cyprès*, Vincent van Gogh, 1889, fonds Rogers 1949 30b ; *Gertrude Stein*, Pablo Picasso, 1905-1906, legs de Gertrude Stein 1946 © Succession Picasso/DACS 2006 30hd ; *Les Joueurs de cartes*, Paul Cézanne, legs de Stephen C. Clark 1960 30hg ; *Washington Crossing the Delaware*, Emanuel Gottlieb Leutze, 1851, legs de John S. Kennedy 29h ; *La Jeune Fille à l'aiguière*, Johannes Vermeer, 1664-1665, Marquand Collection, don de Henry G. Marquand 1889 7c et 30c ; *La Terrasse à Sainte-Adresse*, Claude Monet, 1867, acquisition Monet, contributions et fonds spéciaux donnés ou légués par des amis du musée 30hc ; The Cloisters Collection/ Mick Hales 31cdb ; acquisition du fonds Costume Institute en mémoire de Polaire Weissman 1989 29ch ; *Triptyque de l'Annonciation*, Robert Campin, 1425, The Cloisters Collection 1956 31b ; The Cloisters Collection 1937 31h ; The Cloisters Collection don de John D. Rockefeller 1937 31cg ; THE MUSE HOTEL : 176hg ; MUSEUM OF MODERN ART : © 2004 Photo Elizabeth Felicella, architectural rendering Kohn Pedersen Fox Associates, digital composite Robert Bowen 40c.

NEW YORK CITY FIRE DEPARTEMENT : 170hd.

PACE WILDENSTEIN : Ellen Page Wilson *Cornflake Girl*, Mel Ramos © Mel Ramos © DACS, Londres/ VAGA New York 2006 42c ; THE PENINSULA NEW YORK 54hc ; PRADA: 99bd.

REGENT HOTELS : 178hc ; RENAISSANCE NEW YORK : 173hc. ROCKEFELLER CENTER ARCHIVE : 14hd, 15c, John D. Rockefeller Jr. 48hd.

ROY'S NEW YORK : Jeff Goldman 77hg ; SOHO GRAND HOTEL : 177hd.
SOUTH STREET SEAPORT MUSEUM : 82hc ; ST MAGGIE'S CAFÉ : 77hg.

TRIBECA GRAND HOTEL : Michael Kleinberg 177hg.

ZARIN FABRICS : 94 hd.

COUVERTURE : Dorling Kindersley sauf quatrième de couverture bd : RIEGER Bertrand / hemis.fr

Toutes les autres illustrations : © Dorling Kindersley. Pour de plus amples informations www.dkimages.com